JOUANNA HASSOUN

SHAI HOFFMANN

Mit MAIKE HAREL

Trialog

Jouanna Hassoun
Shai Hoffmann
Mit Maike Harel

TRIALOG

Wie wir über Israel
und Palästina
sprechen

QUADRIGA

Originalausgabe

Textredaktion: Ulrike Strerath-Bolz
Umschlaggestaltung: Massimo Peter-Bille, Köln
Umschlagmotiv: © Annette Hauschild/OSTKREUZ
Satz: hanseatenSatz-bremen, Bremen
Gesetzt aus der Minion Pro
Druck und Verarbeitung: GGP Media GmbH, Pößneck

Printed in Germany
ISBN 978-3-86995-151-5

2 4 5 3 1

Sie finden uns im Internet unter quadriga-verlag.de
Bitte beachten Sie auch: lesejury.de

Für Ima, Aba, Sveni und N.
S.H.

Für meine Mutter, deren Mut mich dahin gebracht hat,
wo ich heute bin.
J.H.

Inhalt

Einleitung

Seit Oktober 2023 treten wir – Jouanna Hassoun, Deutsch-Palästinenserin, und Shai Hoffmann, deutscher Jude mit israelischen Eltern – an Schulen als politische Bildner*innen auf, die mit Jugendlichen über Israel und Palästina, über den Krieg in Gaza und den Nahostkonflikt sprechen. In dieser Rolle hören wir zu und erklären, ordnen ein und fangen Gefühle auf. Wenn wir in unseren Trialogen an Schulen unsere Meinung kundtun, markieren wir sie als solche, auch um den Schüler*innen Raum zu geben, ihre eigenen Standpunkte zu formen. In diesem Buch treten wir jedoch aus unserer Rolle als politische Bildner*innen heraus und wenden uns in erster Linie als zwei Betroffene mit einer politischen Haltung, die miteinander sprechen, an unsere Leser*innen – also an Sie oder dich. Wir möchten unsere Erlebnisse, Erfahrungen, Gefühle und Wertungen teilen und zeigen, dass Dialog möglich ist. Repräsentant*innen der jüdischen oder palästinensischen Communitys sind wir indes nicht, sondern sprechen für uns – und hoffen auf Resonanz bei all jenen, die einen Weg jenseits des Lagerdenkens suchen.

Dabei finden wir das Gespräch nicht einfach. Unser Weg führt in Sackgassen und durch Einbahnstraßen. Wir merken selbst immer wieder, wie befangen wir in einigen Positionen sind und wie schwer wir uns tun, manches auszusprechen. Im Prozess des Schreibens haben wir an uns selbst beobachtet, welche Fesseln wir unserer eigenen Sprache auferlegen und wie oft wir abwägen, umformulieren – und manchmal etwas gar nicht sagen aus Angst vor Missverständnissen. Das ist eine der Konsequenzen eines vergifteten gesellschaftlichen Diskurses, der zu einer extremen Lagerbildung geführt hat und in dem die Worte, Klicks und Likes jeder in der Öffentlichkeit stehenden Person mit der Lupe betrachtet und ohne jeden guten Willen mit möglichst negativen Interpretationen belegt werden. So werden wir und andere oftmals zu Projektionsflächen für Angriffe, in denen es auf der Skala zwischen »Hamashelfer*in« und »Völkermordunterstützer*in« kein Dazwischen mehr zu geben scheint. Es ist ein einschüchterndes gesellschaftspolitisches Klima entstanden, in dem es schwierig ist, sich überhaupt zu äußern.

Unsere Gesellschaft braucht aber Räume, in denen gesprochen werden kann. Deshalb plädieren wir dafür, unsere Gedankengänge, unsere Zweifel und Zerrissenheit offen auszusprechen – in einem Dialograum, den wir »Braver Space« nennen, einem Ort, an dem man mutig sein muss, um sich zu äußern. Die Voraussetzung dafür ist, dass wir uns als Mitglieder der Gesellschaft gegenseitig zugestehen, Fehler machen zu dürfen, Meinungen neu zu bilden und ein Zurückrudern zuzulassen, ohne dafür verdammt zu werden. Um einen »Braver Space« zu ermöglichen, darf nicht jedes Wort auf die Waagschale gelegt werden. Wir wünschen uns, dass eine Fehlertoleranz entwickelt wird, die Nachfragen und Austarieren erlaubt, statt jeden jemals geäußerten Satz als in Stein gemeißelt zu betrachten. Denn ein schwieriges Gespräch ist wie eine Motocross-Piste mit Hügeln und unwägbarem Terrain, auf der wir versuchen, unsere Runde zu drehen. Unsere Helme sind Respekt, Nachsicht und gegenseitige Wertschätzung – alles Dinge, die einen Dialog unter diesen Umständen überhaupt erst möglich machen.

In der Situation, in der wir uns momentan befinden, existiert ein Austausch zwischen Palästinenser*innen und Juden*Jüdinnen in Deutschland fast gar nicht mehr – jedenfalls nicht öffentlich. Dem möchten wir mit unserem Beispiel und diesem Buch etwas entgegensetzen.

Allerdings muss unsere Haltung dabei klar sein. Nur weil sich in Deutschland eine Palästinenserin und ein Jude gemeinsam auf eine Bühne stellen und Freund*innen sein können, heißt das nicht, dass so die Lösung in Israel/Palästina aussieht nach dem Motto: *Die müssten einfach alle mal miteinander reden.* Uns ist es wichtig, deutlich zu benennen, dass das Verhältnis zwischen Israel und Palästina nicht das zweier ebenbürtiger Parteien ist, die sich irgendwie einigen müssen. Es gibt den Staat Israel, der einer besonderen Bedrohungslage ausgesetzt ist, der jedoch innerhalb der Waffenstillstandslinien von 1949 anerkannt ist, und es gibt ein weiteres Volk – das palästinensische –, dem diese Anerkennung verwehrt bleibt, das nicht selbstbestimmt lebt, sondern einer Militärbesatzung unterworfen ist. Israelis und Palästinenser*innen brauchen Frieden und Sicherheit – aber Palästinenser*innen brauchen auch Freiheit und Gleichberechtigung.

Basis für unsere Haltung ist die feste Überzeugung, dass selektiver Humanismus und selektive Empathie der falsche Weg sind. Unser Konsens ist die Menschlichkeit. Wir erkennen die israelische Identität ebenso an wie die palästinensische und setzen uns für die Rechte aller Menschen zwischen dem Mittelmeer und dem Jordan ein, für ihr Recht auf Selbstbestimmung, Meinungs- und Bewegungsfreiheit, für Sicherheit – und, ja, sogar das muss an dieser Stelle gesagt werden, weil es scheinbar keine Selbstverständlichkeit ist – für ihr Recht auf Leben.

Gleichzeitig geht es uns bei unserer Arbeit zuallererst um Deutschland: Um unser Zusammenleben, die Ausgestaltung und den Schutz unserer Demokratie, unseren Umgang mit deutscher Vergangenheit, Gegenwart und Zukunft. Wenn die Geschehnisse in Israel und Palästina so viele Menschen in Deutschland bewegen, dass sie auch bei uns gesellschaftliche Wellen schlagen, dann müssen wir einen Weg finden, damit umzugehen, der nicht in tätlichen Auseinandersetzungen auf dem Schulhof, nicht in einer Verengung der Meinungsfreiheit und nicht in antisemitischer und antimuslimischer Gewalt mündet.

Unser Gespräch mit Schüler*innen bezeichnen wir als »Trialog«, weil die Jugendlichen mit uns beiden eine Art Dreieck bilden. Für dieses Buch wollen wir auch unsere Leser*innen in dieses Dreieck einladen. Dafür haben wir am Ende jeden Kapitels Fragen formuliert, die dazu dienen sollen, das Gelesene zu reflektieren und sich darüber hinaus über eigene Standpunkte, Zweifel und Überzeugungen Gedanken zu machen. Wir selbst haben mit Sicherheit nicht auf alle diese Fragen Antworten. Aber unser Gefühl ist immer: Wenn wir aus einem Gespräch mit mehr Fragen als Antworten hinausgehen, dann ist genau der Prozess in Gang gesetzt worden, der neue Erkenntnisse, neue Ideen und neue Offenheiten für bis dahin Fremdes und Unbekanntes eröffnet.

1
Über den 7. Oktober sprechen

Wo beginnt man ein Buch zu einem so schwierigen, komplexen und emotional bewegenden Thema wie Israel und Palästina? Beginnen wir mit dem 7. Oktober? Schließlich ist er der Auslöser für unsere Trialog-Arbeit an deutschen Schulen. Wird es Menschen geben, die ins Inhaltsverzeichnis schauen und das Buch wieder zuklappen, weil sie sich nicht gesehen fühlen? Legen wir damit einen Anfang fest, der kein Anfang ist? So saßen wir zu Beginn unserer Arbeit an diesem Buch da und haben hin und her überlegt. Wir haben uns Kapitelüberschriften ausgedacht, dreimal so lang, wie eine Kapitelüberschrift sein sollte. Wir haben versucht, direkt am Anfang, in der ersten Zeile, allen gerecht zu werden. Und dann haben wir gedacht, vielleicht kriegt das Kapitel gar keine Überschrift. Vielleicht kriegt auch Kapitel 7 – das, in dem wir über den Krieg in Gaza sprechen werden – keine Überschrift. Vielleicht fehlen uns tatsächlich die Worte. Doch wie wollen wir dann ein Buch schreiben? Sind Worte nicht das Einzige, was uns zur Verfügung steht?

Wir saßen da, an einem Tag im April, als Jouanna gerade aus Ägypten zurückgekehrt war und dort Geflüchtete aus Gaza getroffen hatte. Wir standen sehr unter den

Eindrücken dessen, was in den Monaten seit dem 7. Oktober geschehen war. Nun erinnerten wir uns zurück an den Auslöser.

Also haben wir einfach angefangen zu sprechen. Darüber, wie wir, ein deutscher Jude mit israelischen Wurzeln und eine im Libanon geborene Deutsch-Palästinenserin, den 7. Oktober erlebt haben, jenen Tag im Herbst 2023, als Tausende Mitglieder palästinensischer Milizen aus dem Gazastreifen in die israelischen Ortschaften in seiner Nähe eindrangen, ca. 1 200 Männer, Frauen und Kinder töteten, der Großteil davon Zivilist*innen, und mehr als 240 Menschen entführten, darunter jüdische und palästinensische/arabische Israelis ebenso wie Migranten*innen aus Thailand, Nepal und Tansania sowie Touristen*innen.

Eine Anmerkung zu Zahlen

Opferzahlen zu bestimmen, während ein Krieg tobt, ist äußerst schwierig, insbesondere, wenn keine unabhängige Überprüfung möglich ist. Wie lange es dauern kann, eindeutige Angaben zu machen, zeigt sich, wenn offizielle israelische Daten zu Toten und Entführten auch Monate nach dem 7. Oktober noch revidiert werden, weil Leichen erst nach geraumer Zeit gefunden wurden oder Verwechslungen vorlagen. Bezüglich der Zahlen aus Gaza beziehen wir uns auf die von dem von der Hamas kontrollierten Gesundheitsministerium herausgegebenen Angaben, die von Expert*innen als realistisch oder sogar zu niedrig angesetzt eingeschätzt werden[1], auch wenn nicht alle Opfer gesichert identifiziert sind. Abgesehen aber von den tatsächlichen Opferzahlen, die, wenn überhaupt, final wohl erst in vielen Jahren festgestellt werden können, ist uns eines in aller Deutlichkeit klar: Die Zahl der Zivilist*innen, die leiden und sterben, ist viel zu hoch. Um das zu wissen, brauchen wir keine Statistik.

Shai

Samstagmorgen. Ein ungewöhnlicher Samstagmorgen, denn ich bin nicht von meinem Kind geweckt worden, das ich gewöhnlich morgens zwischen unseren Kissen finde. Vielleicht ist das mein letzter unbeschwerter Gedanke an diesem Vormittag, denn als Nächstes schalte ich mein Handy ein und sehe sofort die ersten Pushnachrichten aus Israel.

Raketenbeschuss.

Was erst mal keine Besonderheit ist, denn seit Jahren kommt es immer wieder vor, dass Raketen aus Gaza auf Israel abgeschossen werden. Dennoch merke ich gleich, dass etwas anders ist: So viele Raketen, so schnell hintereinander? Und in diesem Moment beginne ich, mir Sorgen um meine Familie zu machen. Ich bin erst vor wenigen Tagen aus Israel zurückgekehrt. Dort habe ich mich von meinem Vater verabschiedet, der nach rund 53 Jahren in Deutschland in seine Heimat zurückgekehrt ist.

Ich telefoniere also mit meiner Familie, die zum Glück wohlbehalten ist – aber auch sie wissen noch nicht so richtig, was los ist. Und dann beginne ich Nachrichten zu lesen, Informationen aus den sozialen Medien zu filtern, durch Texte, Bilder, Videos zu scrollen. Etwas Surreales hat das, weil ich spüre, dass es echt ist, aber es doch irgendwie nicht glauben kann.

Im Laufe des Vormittags des 7. Oktober 2023 beginne ich zu begreifen, dass sich etwas Monumentales ereignet hat, dass Grausamkeiten unvorstellbaren Ausmaßes stattgefunden haben – und vielleicht in diesem Augenblick noch stattfinden. Ich sehe das Video mit dem halb nackten Körper einer jungen Frau, der Deutsch-Israelin Shani Louk, wie später klar wird, der auf der Ladefläche eines Jeeps liegend den Menschenmengen in Gaza vorgeführt wird. Ich sehe Bilder des zerstörten Grenzzauns, eines gekaperten Panzers. Ich erfahre, dass Hamas-Milizen ein Festivalgelände gestürmt und in Kibbuzim eingedrungen sind, wo sie Menschen massakriert haben. Ich höre, dass Männer, Frauen und Kinder verschleppt wurden. Kleine Kinder! Ich sehe, wie Entführte durch den Gazastreifen gefahren und wie Trophäen präsentiert werden. Und ja, ich zweifle an der Menschheit. Es schockiert mich zutiefst, zu welchen Dingen Menschen offenbar in der Lage sind.

Ich weiß: Das ist ein ganz neues Level. Eine Zäsur. Es ist ein Ereignis, das so in der Geschichte des Konflikts zwischen Israelis und Palästinenser*innen einmalig ist in seiner Brutalität.

Welche Konsequenzen diese Ereignisse haben werden, ahne ich an diesem Vormittag noch nicht. Das Gefühl, das in diesen Stunden dominiert: Angst um meine Familie. Niemand weiß, wie weit die Terroristen vorgedrungen sind; Menschen in ganz Israel verbarrikadieren sich in ihren Schutzräumen. Im Gegensatz zu Gaza haben ja in Israel alle neuen Wohnungen Schutzräume und die älteren Häuser zumindest einen gemeinschaftlichen Bunker. Familienmitglieder erzählen mir, dass vor als israelische Soldaten verkleideten Terroristen gewarnt wird. In den Tagen und Wochen danach wird die israelische Regierung beginnen, die Angst der Menschen zu instrumentalisieren. Doch diese Angst – sie ist echt.

Die ersten Bilder aus Gaza, von Opfern der israelischen Bombardements, erreichen mich – bewusst – erst ein paar Tage später.

Jouanna

Ich bin am 7. Oktober im Urlaub, einem Familienurlaub, sodass ich mittags nur einen kurzen Blick auf mein Handy werfe. Die Verheerung, das Bestialische, das wird mir zu diesem Zeitpunkt nicht klar. Aber ich denke: Ach du Scheiße. Und dann: Gott stehe den Menschen in Israel bei! Und dann denke ich auch daran, was es für die Menschen in Gaza bedeuten wird. Ich lege jedoch bald mein Telefon weg, will in diesem Augenblick diese Nachrichten nicht lesen. Ich bin mit Familienmitgliedern unterwegs, die ich seit dem Ausbruch des Krieges in Syrien zum ersten Mal wiedergesehen habe, und möchte den letzten gemeinsamen Tag eigentlich genießen. Aber ich bin emotional schon so betroffen, dass ich nichts mehr essen kann. Mein Magen rebelliert. Abends gehe ich früh ins Bett.

Am nächsten Tag steht ein siebenstündiger Heimflug an. Erst am Flughafen beginne ich, wirklich zu lesen, was geschehen ist. Werde kreidebleich. Kann kaum glauben, was ich da lese über die Grausamkeiten, die ganzen Familien widerfahren sind, die in die Hände der Hamas gefallen sind. Und dann frage ich mich: Wie konnte das passieren? Wie kann es sein, dass eine der vermeintlich stärksten Armeen der Welt so etwas zulässt? Ich werde richtig wütend. Ist das nicht alles nur möglich geworden, weil die israelische Armee die Grenze des Gazastreifens ungenügend bewacht gelassen hat, um im Westjordanland Siedler*innen zu schützen? Sind Netanjahu und seine Koalitionspartner*innen, allen voran der rechtsextreme Minister für Nationale Sicherheit, Itamar Ben-Gvir, so mit sich selbst beschäftigt, dass sie ihr eigenes Volk nicht schützen konnten? Und die Hamas? Sie muss bei ihrer Entscheidung, den Angriff zu starten, mit einkalkuliert haben, was den Menschen in Gaza blühen wird! Sie hat die Menschen beider Völker ins Verderben gestürzt.

Während meines Flugs drehen sich meine Gedanken. Und dann, zurück in Deutschland, beginne ich pausenlos alle verfügbaren Medien zu konsumieren. Bis zu diesem Zeitpunkt habe ich arabische Medien gemieden, weil sie teilweise schreckliche Gewalt zeigen und ich sie als einseitig empfinde, wie ich auch deutsche Medien in den ersten Monaten des Krieges als einseitig empfunden habe. Außerdem verstehe ich Hocharabisch nicht gut. Nun aber lese und schaue ich alles, was ich kriegen kann. Ich sehe

Videos und Bilder von Gewalt und Grauen, die durch die Hamas ausgeübt werden, und ich fühle Ekel. Richtig tiefen Ekel.

Wie ging es euch in den ersten Tagen nach dem 7. Oktober?

Shai

Ich hatte so eine Angsthaltung, eine innere Angst, so als müsse man jederzeit flüchten können. Ich war besessen von den Nachrichten auf allen Plattformen. Ich hatte den Drang, alle fünf Minuten zu checken, was passiert. Ich habe sehr schlecht geschlafen.

In Israel müssen diese Tage albtraumhaft gewesen sein. Die Menschen waren wirklich in großer Angst. Am Telefon mit meiner Familie klang die Furcht deutlich durch – sie trauten sich kaum noch auf die Straße. Die Angehörigen der Geiseln waren völlig verzweifelt. Es waren ja sogar Kinder dabei, die ohne ihre Eltern entführt worden waren! Eine Dreijährige, eine Achtjährige – es ist einfach unvorstellbar, wie es ihnen in diesem Augenblick ging.

Die Angst herrschte aber nicht nur in Israel: Juden und Jüdinnen in aller Welt waren betroffen. Am Freitag nach dem 7. Oktober rief die Hamas zu einem weltweiten Protesttag auf, mit der Folge, dass jüdische Kinder aus Angst ihren Schulen fernblieben und jüdische Restaurants ihre Türen schlossen.

Der 7. Oktober hat mich mit einem Schlag jüdischer gemacht.

Jouanna

Ich war am Boden zerstört. Um mich nicht diesem Gefühl der Verzweiflung hinzugeben, habe ich angefangen, Telegram-Kanäle von Hamas-Propaganda-Gruppen und der israelischen Armee zu durchforsten. Ich habe israelische und palästinensische Quellen abgeglichen. Das war so eine Art Faktencheck: Wenn beide Seiten dasselbe oder Ähnliches veröffentlicht haben, dachte ich, das stimmt. Ich habe jeden Morgen bis drei Uhr nachts wach gelegen und mir Nachrichten reingezogen, permanent von einem Kanal zum anderen. Ich habe gewartet. Angstvoll darauf gewartet, dass Israel einmarschiert. Ich habe mich die ganze Zeit gefragt, was dann passieren wird.

Shai

Ich habe mehr und mehr über die Geschehnisse des 7. Oktobers erfahren. In einem Podcast mit Überlebenden aus den Kibbuzim habe ich gehört, was die Menschen gemacht haben, um zu überleben. Das waren so banale Dinge wie »ich habe mich entschieden, das Licht auszumachen« oder »ich habe die Tür offen gelassen, um eine falsche Fährte zu legen«. Diese Geschichten haben mich sehr bestürzt. Ich habe auch von der sexualisierten Gewalt gegen Frauen erfahren, die mich völlig entsetzt hat. Egal, wie viel Empathie man hat, man kann nicht nachfühlen, welche Todesangst die Menschen empfunden haben müssen.

Jouanna

Am 9. Oktober hat mich eine jüdische Freundin angerufen. Sie fragte, wie es mir geht. Und meine Reaktion war: Wieso fragst du mich das, ich muss doch dich fragen! Dann haben wir telefoniert, zwei Stunden lang. Wir stärkten uns. Wir haben gesagt: Wir dürfen nicht zulassen, dass wir gegeneinander ausgespielt werden. Wir dürfen uns nicht hassen. Wir müssen füreinander einstehen.

Und natürlich habe ich meine Bekannten in Gaza kontaktiert.

Ich habe geweint. Viel geweint.

Inwiefern ist der 7. Oktober eine Zäsur für euch?

Jouanna
Ich denke, dass sich das für Palästinenser*innen anders anfühlt als für jüdische und israelische Menschen. Weil sie die ganze Zeit mit der Besatzung leben, weil sie immer wieder Familienmitglieder und Freund*innen verlieren, weil sie wieder und wieder Videos sehen, in denen Soldat*innen oder rechtsextreme Siedler*innen in der Westbank willkürlich palästinensische Menschen erniedrigen, demütigen, verhaften und auch umbringen.

Shai
Warum braucht es diesen Vergleich? Was fühlt sich anders an?

Jouanna
Der Anschlag vom 7. Oktober hat für mich eine andere Bedeutung als für dich.

Shai
Welche Bedeutung hat er für dich?

Jouanna

Ein grausamer Anschlag. Eine andere Quantität und Qualität als zuvor, aber trotzdem reiht er sich sozusagen ein in das, womit ich aufgewachsen bin.

Bis zu einem gewissen Grad kann ich sogar nachvollziehen, wenn jüdische Israelis sagen: Uns ist scheißegal, was mit den Menschen in Gaza passiert. Sie sind in ihren eigenen Schmerzen gefangen. Ich verstehe, dass der 7. Oktober für sie eine Katastrophe ist. Auch für die Palästinenser*innen, die er ja auch in den Abgrund gestoßen hat. Aber es gibt kaum eine palästinensische Familie, die in den Jahrzehnten zuvor niemanden verloren hat. Für uns ist Gewalt fast Normalität. Schon 2009 sind in Gaza Tausende Menschen getötet worden. 2014. 2021. Auch Massaker wie das in den libanesischen Flüchtlingslagern Sabra und Schatila, das 1982 von mit Israel verbündeten Milizionären durchgeführt wurde, gehören zu unserer kollektiven Erinnerung. Aus der Sicht von vielen Palästinenser*innen macht es das schwierig, von einer Zäsur zu sprechen.

Shai

Aber das ist ja eigentlich genau das Gegenteil von dem, was wir in den Schulen sagen. Weil du mit dem »Aber« relativierst. Sagen wir nicht immer, dass es möglich sein muss, die Ereignisse für sich stehen zu lassen?

Jouanna

Vielleicht sollte ich nicht »aber« sagen. Ich meine »und«. Es ist eine Gleichzeitigkeit. Ich befinde mich in einem ständigen Zwiespalt. Ja, der 7. Oktober steht für sich, und die 1 200 Menschen, die getötet worden sind, stehen für sich. Und was ist gleichzeitig mit den 37 000?[⁂] Ich habe Mitgefühl und Mitleid mit der israelischen Seite und denke immer wieder auch an die Geiseln. Aber wie kann man überhaupt noch in Worte fassen, was in Gaza geschieht? Mein Zwiespalt würde niemals so weit gehen, dass ich sage, die 1 200 Israelis sind mir egal. Aber was empfindest du gegenüber den Opfern in Gaza? Hast du die gleichen Gefühle gegenüber den palästinensischen Menschen in Gaza wie gegenüber den jüdischen?

Shai

Erst mal muss ich natürlich zugeben, dass ich keine Opfer persönlich kenne, weder in Israel noch in Gaza. Aber wenn wir jetzt über Zivilist*innen reden, die dort als »Kollateralschaden« umgebracht werden – dann empfinde ich für beide Seiten das gleiche Mitleid, ja. Durch meine familiären Bezüge empfinde ich aber mehr Angst, wenn ich die israelische Seite betrachte. Und auch als Jude – weil man als Jude oder Jüdin mit dem Verständnis groß wird, dass Israel der lang ersehnte sichere Heimathafen ist. Wo sollen wir denn hin, wenn in Deutschland wieder etwas wie vor 80 Jahren zu passieren droht? Und

---

⁂ Stand: Juni 2024

dieser Glaube ist natürlich durch den 7. Oktober – mehr noch als vorher schon – erschüttert worden. Wenn es um hungernde Kinder und getötete Menschen geht, empfinde ich die gleiche Solidarität – aber eben nicht die gleiche Angst, weil mir der persönliche Bezug zu der anderen Seite fehlt.

Jouanna

Wenn ich das Wort »Kollateralschaden« höre, fällt mir ein, wie verletzt ich manchmal bin von der Art und Weise, wie gesprochen wird. Von dir und auch von anderen Personen, die zum Beispiel als Einstieg in unseren Trialog etwas sagen wie »was am 7. Oktober und danach geschehen ist«. Dass nicht ausgesprochen wird, was in Gaza passiert. Es fühlt sich wie eine Relativierung an. Es verletzt mich, auch wenn ich weiß, dass es nicht so gemeint ist. Je mehr Menschen in Gaza sterben, desto intensiver fühle ich das.

Shai

Ich benutze das, wenn überhaupt, in Anführungszeichen!

Jouanna

Es ist trotzdem verletzend, wie über Gaza gesprochen wird: als wäre es so ein Nachgedanke. Und wenn – auch ohne böse Absicht – gesagt wird »das Fortfolgende«, ohne auszusprechen, was überhaupt gemeint ist, dann ist das für mich eine Verharmlosung und eine Relativierung.

In Talkshows, in Artikeln. Dass immer noch von einem »Selbstverteidigungskrieg« gesprochen wird. Wenn hochrangige Politiker*innen »Kollateralschaden« sagen.

Der Krieg in Gaza ist das Schlimmste, was den Palästinenser*innen je angetan wurde! Das Schlimmste! Schlimmer als die Nakba!

Wir schweigen.

Shai

Aber es ist nicht so, dass ich während unserer Gespräche mit Schüler*innen nicht sage, was in Gaza geschieht. Wenn ich »fortfolgend« bei den Trialogen nutze, möchte ich eine Chronologie beschreiben. Das nutze ich lediglich aus Gründen der Zeiteffizienz und nicht, weil ich etwas unter den Tisch kehren oder verharmlosen bzw. relativieren möchte. Gleichzeitig merke ich aber, dass der 7. Oktober aus dem Bewusstsein der meisten unserer Gesprächspartner*innen verschwunden ist. Dieses Ereignis wird gar nicht mehr gesehen, und mir fällt dann die Rolle des »Bad Cop« zu, wenn ich es erwähne. Ich sage dann: Das und das ist passiert, und infolgedessen tobt dieser Krieg, dessen Unmenschlichkeit kaum noch zu ertragen ist. Ich schildere, was in Gaza passiert, aber genauso ist mir wichtig, dass auch der 7. Oktober nicht in Vergessenheit gerät. Dieser Auslöser spielt überhaupt keine Rolle mehr – das macht mich unendlich traurig und auch wütend. Wir sprechen in unseren Trialogen mit den Schüler*innen darüber, dass man das Leid des anderen sehen muss, aber in den allermeisten Gesprächen fühlt es sich mittlerweile (am Anfang war es etwas anders) so an, als hätte der 7. Oktober gar nicht stattgefunden. Nach etwa einer Stunde weise ich darauf hin, aber in der Stunde bis dahin fühle ich mich nicht mitgemeint, mitgefühlt und gesehen. Und das macht mich traurig. Ich merke dann, wie machtlos ich gegenüber der Propagandamaschine in den sozialen Medien und den hochemotionalisierten Elternhäusern bin.

Du hast den Krieg als schlimmer als die Nakba bezeichnet. Das erinnert mich daran, dass mir von einer israelischen Bekannten gesagt wurde, dass die Taten der Hamas schlimmer seien als die der Nazis. Das konnte ich nicht so stehen lassen. Insgesamt finde ich historische Vergleiche schwierig, weil sie nur zu Diskussionen führen, die vom aktuellen Geschehen ablenken. Man sollte die Geschehnisse für sich stehen lassen. Die Nakba, die Vertreibung von mehr als 700 000 Palästinenser*innen im Zuge des ersten arabisch-israelischen Krieges von 1947 bis 1949 – das ist doch *die* Katastrophe. Und die ist singulär in der Geschichte der Palästinenser*innen.

Jouanna

Humanitär gesehen halte ich den Krieg in Gaza für das Schlimmste.

Wieso setzt ihr den 7. Oktober an den Anfang eures Buches? Er ist ja nicht der Anfang des israelisch-palästinensischen Konflikts.

Jouanna

Weil der Anschlag am 7. Oktober monumental war. Er ist der Auslöser für den jetzigen Krieg. Man kann und muss viele Dinge in Kontext setzen, die Besatzung und die Ungerechtigkeit thematisieren, aber dennoch ist der 7. Oktober für die jetzige Situation ausschlaggebend.

Shai

Er ist der Auslöser für die nie da gewesene Zerstörung – in Gaza, aber auch für die Zerstörung des Sicherheitsgefühls von Israelis, Juden und Jüdinnen.

Jouanna

Trotzdem stimmt, was UN-Generalsekretär Guterres gesagt hat: Der Anschlag ist nicht in einem Vakuum passiert. Allerdings wird der Diskurs in Deutschland so geführt, dass man dich gar nicht zu Ende sprechen lässt, weil man denkt, du relativierst den 7. Oktober. Es ist einfach nur eine Tatsache. Ja, er ist nicht in einem Vakuum passiert. Und trotzdem rechtfertigt das nicht, dass Menschen ermordet werden. Natürlich wird die Diskussion auch durch fehlendes Wissen erschwert. Viele Menschen wissen gar nicht, was alles schiefgelaufen ist und welches politische Versagen, sowohl von der israelischen als auch von der palästinensischen Führung, da seit 75 Jahren stattfindet, sodass wir uns nun an diesem Punkt befinden. Ich bin der vollen Überzeugung, dass wir ganz woanders stehen würden, wäre nur genug politischer Wille dagewesen – auch von palästinensischer Seite. Nun haben wir eine ultrarechte, teilweise faschistische israelische Regierung und eine fundamentalistisch-faschistische Hamas. Das eine ist eine Regierung, das andere eine Miliz, aber von der Ideologie her sind sie sich sehr ähnlich. Sie wollen den anderen nicht sehen, nicht anerkennen und sogar vernichten.

Shai

Da würde ich Widerspruch einlegen und die Hamas nicht mit der israelischen Regierung gleichstellen wollen. Die Hamas ist eine Terrororganisation, die zwar 2006 gewählt wurde, aber danach nie wieder. Sie gefährdet ihre eigene Bevölkerung nachweislich, indem sie ihre terroristische Infrastruktur unter Krankenhäusern, Moscheen oder Schulen baut. Sie hat mit dem 7. Oktober bewiesen, dass sie möglichst viele Menschen in Israel ermorden und das historische Palästina zurückerobern will.

Ich finde, das ist nicht gleichzusetzen mit der israelischen Regierung.

Andererseits sehe ich natürlich, mit was für einer Regierung wir es da zu tun haben. Der israelische Verteidigungsminister hat am 9. Oktober gesagt, dass Israel gegen »menschliche Tiere« kämpft.[2] Der Minister Amichai Eliyahu hat vorgeschlagen, eine Atombombe auf Gaza zu werfen, und gesagt, es gebe dort »keine unbeteiligten Zivilist*innen«.[3]

Ehrlich gesagt merke ich gerade, dass ich diese Regierung überhaupt nicht verteidigen will. Ich hoffe und wünsche mir aber inständig, dass es der israelischen Regierung und dem Militär nicht darum geht, in Gaza einzumarschieren, um dort möglichst viele Kinder, Frauen und Männer zu töten.

Jouanna

Du hoffst und wünschst es dir.

Shai

Ich bin kein unabhängiger Beobachter im Gazastreifen, Genozidforscher oder Völkerrechtler.

Jouanna

Wie auch immer es juristisch bewertet werden wird, sie haben 37 000 Menschenleben ausgelöscht. Wie soll man es benennen, dieses Vorgehen? Diese Ideologie? Diese Sprache? Vor der Bildung dieser ultrarechten, faschistischen israelischen Regierung hätte ich die Absichten vielleicht anders bewertet. Aber das, was ich jetzt lese und erfahre, da sehe ich keinen großen ideologischen Unterschied zwischen Hamas und der israelischen Regierung. Beide wollen die Vernichtung des anderen. Teile der israelischen Regierung wollen die Vernichtung der Araber*innen – sie sagen ja nicht mal »Palästinenser*innen«, weil diese in ihren Augen nicht existieren. Und die Hamas will Juden und Jüdinnen in Israel vernichten. Aber ich trenne die Hamas von den Palästinenser*innen. Sie repräsentieren nicht mich. Niemand, von den aus Gaza Geflüchteten, mit denen ich persönlich gesprochen habe, identifiziert sich mit der Hamas. Natürlich schmerzt es, wenn es heißt, es seien auch Zivilisten an den Taten des 7. Oktobers beteiligt gewesen. Ich kann das nicht beurteilen. Und was ist überhaupt ein Zivilist? Jemand, der von der Hamas bezahlt wird für irgendwelche Dienste ist für mich kein Zivilist mehr.

Ich gebe zu, dass ich in meinen Gesprächen mit den Geflüchteten sogar Angst davor hatte, dass jemand sich mit der Hamas identifiziert, dass sie in Bezug auf den 7. Oktober positiv von »Widerstand« sprechen würden, aber das tat keiner. Sie haben gesagt: Niemand hat uns gefragt, ob wir das wollen. Andererseits sind das natürlich keine repräsentativen Aussagen. Im Gegensatz zu Israel, wo Militär und Gesellschaft durch den verpflichtenden Armeedienst sehr verzahnt sind, muss man jedoch auch betonen, dass das in Gaza anders aussieht. Die Kämpfer der Hamas, also die der unteren Ränge, werden unter den Armen und verlorenen Seelen rekrutiert. Das sind diejenigen, die sich im »Kampf« opfern, während die Führer der Hamas sicher im Ausland sitzen.

Haben die Ereignisse des 7. Oktobers euch in euren Überzeugungen erschüttert?

Shai

Ich finde es wichtig zu betonen, dass viele der Opfer des 7. Oktobers aus liberalen Kibbuzim kamen, die sich für ein friedliches Zusammenleben eingesetzt haben. Da waren Friedensaktivist*innen dabei, Menschen wie Vivian Silver, die die Friedensinitiative *Women wage Peace* mitgründete, oder Yocheved und Oded Lifshitz, die Palästinenser*innen aus Gaza zur medizinischen Behandlung nach Israel brachten.[*] Wenn solchen Menschen so etwas passiert, lässt einen das schon am eigenen moralisch-ethischen Wertekonstrukt zweifeln.

Allerdings habe ich mich kürzlich mit Ziv Stahl, der Leiterin der israelischen Menschenrechtsorganisation *Yesh Din*, getroffen. Sie überlebte den Terrorangriff auf Kfar Aza am 7. Oktober in einem Schutzraum, ihre Schwägerin wurde getötet. Und trotzdem hält sie unerschütterlich an ihrer Arbeit für die Rechte von Palästinenser*innen und ihrem Glauben an die Möglichkeit einer Koexistenz fest.

Um eine echte Erschütterung zu erleben, muss man ja völlig unvorbereitet sein, und das war ich nicht. Ich

---

* Vivian Silver wurde am 7.10.23 im Kibbuz Be'eri ermordet, Yocheved und Oded Lifshitz wurden nach Gaza entführt, wo Oded bis heute festgehalten wird.

habe mich mit der Situation in Israel und Palästina intensiv auseinandergesetzt in den letzten Jahren. So eine Tat habe ich nicht erwartet, aber doch, dass es irgendwann überkochen wird. Deshalb haben mich die Ereignisse des 7. Oktobers zwar zutiefst verstört, aber nicht an meinem Weg, an meinem Willen zweifeln lassen, aufklären zu wollen.

Im Nachhinein kann ich aber sagen, dass mich das »Danach« erschüttert hat – dass ich andere Erwartungen an das Vorgehen der israelischen Armee hatte. Ich bin natürlich kein Militärstratege, ich kann vieles vor Ort nicht beurteilen. Aber ich hatte erwartet, dass das Militär als eine der bestausgestatteten Armeen mit einer schnellen Operation die Geiseln würde befreien können. Ich dachte, es gäbe da modernste Technik, die sie aufspüren würde – mir war allerdings auch nicht klar, dass es dieses kilometerlange Tunnelsystem unter Gaza gibt. Ich hatte gehofft, dass Israel wie nach dem Attentat auf die Olympischen Spiele in München vielleicht punktuell ranghohe Hamas-Milizen ausschalten würde. Aber dann zeigte sich, mit welcher unverhältnismäßigen und offensichtlich ziellosen Härte Israel zurückschlug, gleich in der ersten Nacht, und dann auch mit der Abrieglung, mit der Belagerung des Gazastreifens, mit dem Abstellen von Strom und Wasser.

Und natürlich habe ich mir schnell, ich glaube schon am zweiten Tag, die Frage gestellt: Wie konnte das eigentlich passieren? Warum hat die Armee so lange auf sich warten lassen? Wieso sind die Kibbuzim nicht verteidigt worden? Da hat sich gezeigt, dass die israelische Armee gar keine Verteidigungsarmee mehr ist, dass sie gar nicht weiß, wie man abwehrt, sondern nur noch der Besatzung dient und dem Schutz der expansiven Siedlungspolitik. Gleichzeitig habe ich an mir selbst beobachtet, dass ich mich immer wieder fragte: Kann ich diesen inneren Dialog jetzt überhaupt mit mir führen, in Anbetracht der Ereignisse?

Jouanna

Ich habe nicht an meinen Überzeugungen gezweifelt. Ich bewege mich schon lange in diesem Themenkomplex, und ich war schon oft erschüttert. Natürlich zweifle ich immer wieder an der Menschheit. Ich zweifle immer wieder, ob eine Lösung überhaupt möglich ist. Aber eigentlich bringt mich jede Erschütterung nur dazu zu denken: Jetzt erst recht. Es geht nur gemeinsam. Es geht nur, wenn Menschen aufeinander zugehen und füreinander einstehen. Ich werde mich weiter am jüdisch-muslimischen und am israelisch-palästinensischen Dialog beteiligen – und dazu beitragen, dass es ihn überhaupt noch gibt.

Inwiefern habt ihr gespürt, dass die Ereignisse in Israel/Palästina auch einen Einfluss auf euch hier in Deutschland haben würden?

Jouanna

Tatsächlich war mein erster Gedanke, dass jetzt auch wieder der Antisemitismus in Deutschland zunehmen wird. Immer wenn es in Gaza brennt, brennt es auch in Deutschland, und besonders in Berlin. Davon, dass auch in Berlin die Anschläge der Hamas gefeiert wurden, habe ich erst später erfahren. Mein Gefühl ist, dass die palästinensische Community in Deutschland erst mal in einen Schockzustand verfiel. Es war schwer, überhaupt darüber zu sprechen, was geschehen war. Bei Jugendlichen habe ich bemerkt, wie emotional sie waren. Wieso denkt man von uns, dass wir uns freuen, wenn Menschen abgeschlachtet werden? Das haben sie mich gefragt.

Aber welchen Effekt es geben würde, das habe ich ehrlich gesagt nicht erwartet. Dass die palästinensische Perspektive nicht gezeigt wird, dass Gaza nicht gezeigt wird, dass die Härte des israelischen Vorgehens nicht gezeigt wird – das alles kenne ich schon. Aber dass es noch darüber hinausgehen würde, dass Demonstrationen verboten werden, dass die Bildungsverwaltung das Zeigen von Symbolen palästinensischer Identität untersagt, damit habe ich nicht gerechnet. Das ist Aktionismus, der unter der Flagge der »Antisemitismus-Prävention« läuft, in

Wirklichkeit aber völlig kontraproduktiv ist, weil er die Fronten verhärtet.

Was das mit mir macht? Ich weiß es nicht. Ich habe kaum Platz für meine Gefühle, weil ich in erster Linie in meinen Gedanken bei den Menschen in Gaza bin, einschließlich der israelischen Geiseln.

Shai

Mir war auch sofort klar, dass es Auswirkungen in Deutschland haben würde. Aber der Anstieg von antisemitischen Taten, der Brandanschlag auf eine Berliner Synagoge, der gewalttätige Übergriff eines propalästinensischen auf einen pro-israelischen Studenten der FU, das hat ein Level erreicht, das noch nach keinem Konflikt oder Krieg in Israel/Palästina so ausgeprägt war.

Dieses Gefühl – in Israel ist es nicht mehr sicher, aber hier auch nicht – macht Angst und schmerzt. Es ist, als würde man auf doppelte Weise den Boden unter den Füßen verlieren.

Fragen an die Lesenden

1. Wie fühlst du dich, wenn du das Gespräch von Jouanna und Shai liest? Merkst du, dass du emotional involviert bist? Warum?
2. Resoniert in dir die Ambivalenz, die im Dialog zwischen Jouanna und Shai mitschwingt? Verspürst du das Bedürfnis, dich auf eine Seite schlagen zu müssen?

2
Wer wir sind

Wenn wir zusammen vor Schüler*innen treten, auf Bühnen stehen oder Interviews geben, erfahren wir von unseren Zuhörer*innen immer wieder, welche Rolle unser gemeinsames Auftreten darin spielt, dass uns Aufmerksamkeit geschenkt wird. Wir werden als gegensätzliches Paar wahrgenommen, als Jude und Muslima, als Israeli und Palästinenserin, als Mann und Frau, und erwecken damit schon im Vornherein verschiedenste Assoziationen, die mit unseren vermeintlichen Identitäten in Verbindung gebracht werden. So erscheint schon allein die Tatsache aufsehenerregend, dass wir zusammen auftreten und somit – auch wenn wir keineswegs immer einer Meinung sind – an einem Strang ziehen.

Wer sind wir, und was hat es uns ermöglicht, auf diese Weise zusammenzuarbeiten? Unsere Einwanderungsgeschichten haben unsere Perspektiven auf die Welt mitgeformt. Wir haben individuelle Erfahrungen gemacht, die von den Herausforderungen und Freuden des Ankommens, des Integrationsprozesses und der Suche nach Identität geprägt sind. Diese vielschichtigen Eindrücke klingen immer auch in unseren Austausch hinein und helfen uns zu erkennen, dass trotz unterschiedlicher Herkunft und Hintergründen Gemeinsamkeiten existieren, die uns verbinden.

Unsere Fähigkeit, inmitten einer oft polarisierten und von Vorurteilen geprägten Debatte aufeinander zuzugehen, beruht auf einem Mix aus persönlichen Erfahrungen, interkultureller Kompetenz und einem starken Vertrauen in den Wert des Dialogs. Durch unsere eigenen Reisen und die Begegnung mit Menschen verschiedener Kulturen, Religionszugehörigkeiten, sozioökonomischer Hintergründe und Weltanschauungen haben wir gelernt, über Grenzen hinweg zu kommunizieren und Empathie für die Perspektiven anderer zu entwickeln. Unsere Überzeugung, dass wirklicher Wandel nur durch den konstruktiven Austausch von Ideen und die Anerkennung von Pluralität entstehen kann, treibt uns an, auch in schwierigen Gesprächen nach gemeinsamen Lösungen zu suchen.

Wer ich bin: Jouanna Hassoun

In meiner frühesten Erinnerung steht ein libanesischer Soldat in unserer kleinen Wohnung. Ich bin keine vier Jahre alt. Der Soldat ist bewaffnet und scheucht uns aus dem Wohnbereich, der sich abends in das Schlafzimmer der sechs Kinder im Haus verwandelt. Er treibt uns in den Innenhof und stellt uns vor eine Wand. In der Küche dreht er den Gashahn auf. »Sprecht euer letztes Gebet«, sagt er und zündet sich eine Zigarette an. Meine Mutter hält meinen Bruder auf dem Arm, der zu dieser Zeit ein Baby ist. Der Soldat wirft die Zigarette, und die Küche geht in Flammen auf.

Unsere Wohnung brannte an diesem Tag völlig aus. Es war bereits das zweite Mal, dass ich mein Zuhause verlor. Das Haus war schon um meinen ersten Geburtstag herum bei einem Angriff, der vermutlich von der israelischen Luftwaffe durchgeführt wurde, so schwer beschädigt worden, dass wir eine Zeit lang nicht mehr darin wohnen konnten.

Ich bin 1983 im palästinensischen Flüchtlingslager El-Bass, das an die libanesische Stadt Sur (Tyros) angrenzt, zur Welt gekommen. Wie jede palästinensische Geschichte beginnt meine jedoch nicht mit meiner Geburt, sondern mindestens mit der Flucht und Vertreibung meiner Großeltern aus Palästina.[⋊] Dort sind meine Groß-

⋊ Die Flucht und Vertreibung von über 700 000 Palästinenser*innen aus dem heutigen Israel zwischen 1947 und 1949 wird als Nakba (arabisch für Katastrophe) bezeichnet.

eltern geboren, und dort kam auch mein Vater zur Welt: 1943 in Haifa, der Hafenstadt am Mittelmeer, damals im britischen Mandatsgebiet Palästina gelegen, heute in Israel. In Haifa war mein Großvater der Familienlegende nach ein wohlhabender Händler, Besitzer von Ländereien und Olivenhainen, vielleicht sogar von einem ganzen Kanister Gold, irgendwo versteckt in seinem Haus im Viertel Wadi Nisnas. Aus Haifa floh mein Großvater 1948 mit seiner Frau und fünf Kindern in den Süden des Libanon. Das war selbst zur damaligen Zeit keine besonders weite Strecke, jedenfalls eine Distanz, die nicht vermuten ließ, dass es keine Rückkehr geben würde. Doch die Erwartung, in wenigen Tagen oder Wochen zurückkehren zu können, wurde mit dem Sieg der israelischen Armee über die arabischen Nachbarstaaten und der Gründung des Staates Israel zerschlagen, und Familie Hassoun musste im Libanon bleiben. Damit war sie ausgerechnet in dem Nachbarland gelandet, in dem Palästinenser*innen das schwerste Los gezogen hatten: Sie wurden weder eingebürgert, noch durften sie außerhalb der Flüchtlingslager der UNRWA leben oder frei ihre Berufe wählen. El-Bass, das Lager, in dem mein Vater mit seinen Eltern und drei der vier Geschwister schließlich ein neues, unfreiwilliges Heim fand, lag in Luftlinie keine 60 Kilometer von Haifa entfernt.

In El-Bass wurde 1955 auch meine Mutter geboren. Ihr Vater stammte aus Akka⁎ und war als einziges Familienmitglied aus Palästina geflohen – eine Tatsache, die ihm, wie vielen sogenannten 1948-Palästinenser*innen,von

⁎ Die heute im Norden Israels gelegene Stadt heißt auf Hebräisch Akko.

den Zurückgebliebenen, auf Arabisch als »die Inneren« bezeichnet, zum Vorwurf gemacht wurde. Erst viele Jahrzehnte später konnten die Verwandten aus Akko, inzwischen israelische Staatsbürger, mit uns, den nach Deutschland Geflüchteten, in Berlin die Familien wieder zusammenführen. Eine Geschichte, wie sie unzählige Palästinenser*innen, die seit 1948 in der ganzen Welt verstreut leben, erzählen können.

In El-Bass heirateten meine Eltern, und in El-Bass spielte sich auch jene Szene aus meiner frühen Kindheit ab, die sich so tief in mein Gedächtnis eingegraben hat. An diesem Tag, der sich im Herbst 1986 ereignet haben muss, als die schiitische Amal-Miliz gegen palästinensische Gruppen kämpfte und später in die Flüchtlingslager eindrang, wo sie keinen Unterschied zwischen Kämpfern und Zivilist*innen machte, wurden wir gerettet, weil ein weiterer Soldat hinzukam und den ersten stoppte. Viel später, als ich meiner Mutter von meinen Erinnerungen erzählte und sie mir bestätigte, dass die Geschehnisse sich tatsächlich so zugetragen hatten, erfuhr ich von ihr, dass sie dem zweiten Soldaten am Vortag an einem Checkpoint begegnet war und behauptet hatte, sie sei eine mit einem Palästinenser verheiratete Libanesin. *Deshalb* hinderte er seinen Kameraden daran, uns zu erschießen: weil er glaubte, wir seien keine Palästinenser. Während die Soldaten stritten, gelang es meiner Mutter, uns Kinder aus dem Hof auf die Straße zu zerren. Der erste Soldat versuchte das mit Gewalt zu verhindern und verletzte mich mit einem Schlag am Kopf – bis heute trage ich das Mal des Krieges, denn mein schielendes Auge ist Resultat dieser Verletzung.

Der Bürgerkrieg im Libanon
Das kleine Land Libanon beheimatet sowohl sunnitische als auch schiitische Muslime, Christen, unter denen maronitische Katholiken die Mehrzahl bilden, Drusen und andere Minderheiten. Von den knapp 5,3 Millionen Einwohner*innen[4] haben heute schätzungsweise etwa 250 000 palästinensische Wurzeln.[5]

Als Jouanna 1983 geboren wurde, tobte der Bürgerkrieg im Land schon seit acht Jahren. Dieser Krieg resultierte im Wesentlichen aus einer Schwäche des libanesischen Staates und dem Aufstieg von Milizen, die das staatliche Gewaltmonopol ersetzten. Er forderte bis 1990 wohl rund 100 000 Opfer.[6] Die Milizen, die an den Kämpfen beteiligt waren, formten sich entlang ethnischer und religiöser Linien: die christlich-maronitischen Phalangisten kämpften gegen die palästinensische PLO und die Libanesische Nationalbewegung, eine Koalition aus Linken und Sunniten; ab 1986 kämpfte auch die schiitische Amal-Miliz gegen die Milizen der PLO, die sich wiederum der ebenfalls schiitischen Hisbollah annäherte. Syrien unterstützte christliche Milizen im Norden, während Israel auf der Seite christlicher Milizen im Süden intervenierte und den Südlibanon ab 1982 besetzte, was schließlich eine Vertreibung der palästinensischen Führung aus dem Libanon nach Tunesien bewirkte.

Ich weiß nicht, wann meine Mutter beschloss, uns aus dem Krieg hinauszubringen. Doch sie muss irgendwann begriffen haben, dass sie uns unter diesen Umständen nicht das Leben bieten konnte, das sie uns bieten wollte – mehr noch, dass unser Leben in ständiger Gefahr war. Eine Zeit lang hausten wir in einer zum Flüchtlingslager umgewandelten Schule. Später konnten wir in unser wieder in Stand gesetztes Haus in El-Bass zurückkehren, wo meine Mutter eine kleine Bäckerei aus unserer Wohnung heraus betrieb. Aber eines Tages im Jahr 1989, ich war sechs Jahre alt, packte sie plötzlich unsere Sachen in einen braunen Koffer und sagte mir, dass ich mich von meinen älteren Geschwistern verabschieden sollte. Meinem Onkel, der in Deutschland lebte, war es gelungen, meiner Mutter ein Visum zu organisieren – ein Visum für sie und zwei Kinder. Also blieb meiner Mutter nichts anderes übrig, als mit den beiden Jüngsten – mir und meinem Bruder – über Syrien nach Deutschland zu reisen, in der Hoffnung, die älteren Kinder so schnell wie möglich nachzuholen.

Und so kam ich nach Deutschland: In einem Flugzeug von Damaskus nach Ostberlin, dann von der DDR in die BRD durch einen Checkpoint, der auf mich nicht viel anders gewirkt haben kann als die panzerbewehrten Barrikaden im Libanon, und schließlich im Taxi, von meiner Mutter mit Dollar bezahlt, nach Neukölln, wo meine Tante vor Schreck fast aus dem Fenster fiel, als meine Mutter vom Hof aus nach oben den Namen meines Onkels rief. Wir sind da!

Ankommen in Deutschland bedeutete, mit vielen anderen Palästinenser*innen aus dem Libanon und

Geflüchteten aus aller Welt in einem Flüchtlingsheim zu wohnen und in der Schule in das zu gehen, was man heute Willkommensklasse nennt, damals aber lapidar als »Ausländerklasse« bezeichnet wurde. In den ersten Jahren musste ich ständig die Schule wechseln, weil wir von einem Flüchtlingsheim ins nächste geschickt wurden. Schließlich landete ich in Moabit, wo wir 1995 endlich in eine eigene Wohnung ziehen konnten.

Wir waren geduldet und zeitweise gestattet, hatten also keine langfristige Aufenthaltsgenehmigung – ein Umstand, den ich als Jugendliche nicht länger hinnehmen wollte. Ich war in der 10. Klasse, ich brauchte eine Perspektive. Also kontaktierte ich einen Anwalt, um meine Rechte und Möglichkeiten auszuloten, und beantragte schließlich mit seiner Hilfe einen Aufenthaltstitel. Direkt nach der Schule fing ich eine Ausbildung an, weil ich wusste, dass eine geregelte Arbeit Voraussetzung für eine langfristige Aufenthaltsgenehmigung war.

Was genau es mir ermöglichte, diesen Weg zu gehen, kann ich nicht sagen. Ich war immer schon ein kritischer Geist gewesen, politisch interessiert und von manchmal kaum zu bändigendem Tatendrang, und meine Mutter gab mir das Gefühl mit, dass es möglich sei, etwas anzupacken und zu ändern. Das erste Mal erfahren, dass ich etwas auf die Beine stellen kann, habe ich, als ich mit fünfzehn Jahren an einer Partizipationsgruppe für Mädchen teilnahm. Da wurden wir – eine Handvoll hauptsächlich arabischsprachiger junger Mädchen – gefragt, was wir uns für Moabit wünschten. Und wir sagten: Ein Mädchen-Café. Wir sammelten Unterschriften, halfen dabei, ein Konzept zu entwickeln, fragten die Stadträtin an – und bekamen das Café. Im Mädchen-Kultur-Treff Dünja, den ich mitgegründet und aufgebaut habe, hatte ich meinen ersten Job als Kulturvermittlerin und Projektkoordinatorin. Dünja heißt »Welt« und diese Erfahrung zeigte mir: Du kannst die Welt mitgestalten.

Mein Engagement in jungen Jahren führte dazu, dass ich schnell Netzwerke aufbaute und immer weitere Projekte initiieren konnte, zunächst auf Kiezebene in Moabit, später auch größer angelegt. Überall dort, wo es Partizipationsmöglichkeiten für Bürger*innen gab – Bürger*innen ohne deutschen Pass, den ich zu diesem Zeitpunkt noch nicht hatte –, versuchte ich mitzumischen: Ich wollte mich politisch und gesellschaftlich einbringen. Ich wollte in meiner eigenen Community etwas verändern, in der arabischsprachigen, muslimischen Community, wollte den Jugendlichen ein Vorbild sein, wie meine Mutter es für mich gewesen war, wollte ihnen Perspektiven geben – und das will ich bis heute!

Es waren Initiativen gegen Zwangsheirat und häusliche Gewalt dabei, Projekte für den interkulturellen Dialog, außerdem Begegnungsprogramme, zum Beispiel eins zwischen Jugendlichen aus Berlin und den Pariser Banlieues..

Zu meinem Glück habe ich auch viel Bestätigung erhalten. Unsere Projekte wurden ausgezeichnet, ich wurde zu Treffen mit Politiker*innen eingeladen. Auch das hat mir gezeigt: Selbst wenn ich gegen Widerstände ankämpfen muss, mein Weg lohnt sich.

Die sogenannte Flüchtlingskrise war 2015 eine Art Wendepunkt. Ich sah mit eigenen Augen, was am Berliner

Lageso[⁕] los war: Tausende von verzweifelten Geflüchteten warteten dort, mit deren Versorgung die Behörden völlig überfordert waren. Aus meinem Engagement für die medizinische Versorgung dieser Geflüchteten wurde schließlich der Verein *Transaidency,* den ich zusammen mit Samer Al-Magazachi und einem engagierten Freundeskreis gegründet habe und bis heute leite.

Mit Transaidency habe ich dann – neben vielen anderen Initiativen – das Projekt »Make Hummus not Walls« durchgeführt. Dafür luden wir verschiedene Gruppen ein: Stadtteilmütter,[⁕⁕] Jugendliche und Multiplikator*innen. Diese nahmen an Workshops teil, die von jüdisch-muslimischen Moderator*innen im Tandem geleitet wurden, um sich zum Judentum und Antisemitismus ebenso fortzubilden wie zum Islam und antimuslimischem Rassismus. Außerdem war es ein Angebot zu einem Perspektivwechsel auf den Nahostkonflikt, bei dem die Biografien der Teilnehmenden aber stets berücksichtigt wurden. Ursprünglich hatte ich gehofft, die Stadtteilmütter mit einer jüdischen Frauengruppe zusammenzubringen, dieser Ansatz scheiterte jedoch daran, dass ich keine Gruppe fand, die bereit war, ebenfalls zunächst Workshops zu antimuslimischem Rassismus und einem Perspektivwechsel auf den Nahostkonflikt durchzuführen.

Der Projektname »Make Hummus not Walls« war mir übrigens während meiner ersten Reise nach Israel/

⁕ Landesamt für Gesundheit und Soziales in Berlin

⁕⁕ Die Stadtteilmütter sind ein Programm des Landes Berlin, in dem Frauen mit Migrationshintergrund andere Frauen in ihren Kiezen beraten und unterstützen.

Palästina eingefallen, als ich eben diesen Satz als Graffiti auf der Mauer sah, mit der Israel die besetzten palästinensischen Gebiete von seinem Staatsgebiet abtrennt.[♓][7]

Meine Reise war möglich geworden, weil ich 2011 endlich die deutsche Staatsbürgerschaft erhalten hatte. Dabei hatte ich eine Belehrung unterschreiben müssen, die besagte, dass mir als Palästinenserin mit deutschem Pass »das Recht bestritten« werde, »in den palästinensischen Gebieten und in Israel diplomatischen oder konsularischen Schutz von den deutschen Auslandsvertretungen zu erhalten«. Trotzdem – ich konnte nach Israel einreisen. Aber ich brauchte einige Jahre, bis ich mich dazu bereit fühlte.

2017 war es dann so weit. Bei der Einreise wie auch bei der Ausreise musste ich schlimmste Demütigungen erleben, ein stundenlanger Prozess, der mich einschüchterte und zutiefst beängstigte. Und doch habe ich auch hier etwas erlebt, was mir zeigte, wie wichtig menschliche Begegnungen sind: Als ich mich bei der Ausreise nach stundenlangen Befragungen und Durchsuchungen endlich zum Flugzeug begab, durfte ich das nur in der Begleitung eines Sicherheitsbeamten tun, der meine Tasche trug, die ich nicht anfassen durfte. Er schien tatsächlich Angst vor mir zu haben, war jedoch ein tollpatschiger Kerl, der es fertigbrachte, sich irgendwo zu schneiden und stark am Finger zu bluten. Als er mit akrobatischen Verrenkungen versuchte, sich Papierhandtücher aus dem

♓ Laut Angaben der UN sind etwa 85 Prozent der Mauer nicht auf israelischem Territorium oder entlang der Waffenstillstandslinie erbaut, sondern innerhalb des Westjordanlandes. Siehe UN OCHA: Special Focus, Barrier Update, Juli 2011.

Waschraum zu angeln, ohne meine Tasche los und mich aus dem Blick zu lassen, bot ich ihm ein Pflaster an, das ich in ebenjener – meiner – Tasche auf seiner Schulter wusste. Trotz einiger Skepsis öffnete er schließlich meinen Kulturbeutel und behalf sich mit meinem Pflaster. Danach war er wie ausgewechselt. Er fragte mich nach meinem Aufenthalt, nach meinen Wurzeln. Er stritt sich mit seinen Kolleg*innen bei einer weiteren Sicherheitskontrolle, damit es schneller ging. Und schließlich, als ich mein Flugzeug fast verpasst hätte, rannte er mit mir los, damit ich es rechtzeitig schaffte. Am Ende waren wir beide Menschen. Das vergisst man leicht, wenn man in einem unmenschlichen System landet.

Wer ich bin: Shai Hoffmann

Ich bin gebürtiger Berliner, 1982 in Wilmersdorf zur Welt gekommen und in Schöneberg aufgewachsen. Als ich geboren wurde, war Mama erst seit wenigen Jahren in Deutschland – und vielleicht ist sie nie richtig angekommen. Meine Eltern sind Israelis. Heute ist Berlin so etwas wie ein Magnet für junge Menschen aus Israel geworden, aber damals, in den70er-Jahren, als Papa hierherkam, war es etwas Außergewöhnliches. Etwas, was bei mir und vielen anderen immer wieder die Frage aufgeworfen hat: Warum? Warum seid ihr ins Land der Täter gegangen? Die Antwort in unserem Fall: Wirtschaftliche Gründe. Im Hinterkopf immer der Gedanke: Irgendwann gehen wir zurück.

Meine Eltern sind beide die Kinder polnischer Holocaust-Überlebender. Papa wurde 1948 im bayerischen Schwabach geboren, wo die Alliierten ein Lager für jüdische »Displaced Persons«, hauptsächlich aus Osteuropa, eingerichtet hatten.[8] Während Juden und Jüdinnen zuvor von der britischen Mandatsregierung an einer legalen Einreise nach Palästina gehindert worden waren, wurde mit der Staatsgründung Israels eine Einwanderung möglich. Papa war wenige Monate alt, als die Familie Deutschland verließ und in Israel ihre neue Heimat fand. Sie ließen sich in Akko nieder, also genau der Stadt, aus der Jouannas Großvater kurz zuvor geflohen war.

Mama hingegen kam 1952 in Israel zur Welt. Die erste

Frau ihres Vaters, Rivka, und sein Sohn Johann waren im Holocaust ermordet worden. Das ist ein komischer Gedanke, der sich immer wieder in meinen Kopf schleicht: Warum bin ich überhaupt auf der Welt? Wenn die Frau meines Großvaters nicht ermordet worden wäre, hätte er meine Großmutter nicht geheiratet, Mama wäre nicht geboren worden und mich gäbe es gar nicht.

Und dann erst der Grund, warum meine Eltern sich kennen: Weil ihre Mütter zusammen im KZ gewesen waren, fast zur gleichen Zeit nach Israel kamen und ihr Leben lang Freundinnen blieben. Mama und Papa kannten sich von klein auf. Später diente Papa in der israelischen Armee und war im Sechstagekrieg 1967 mit seinem Panzerbataillon an der Eroberung der Golanhöhen beteiligt. Doch kaum hatte er seinen Armeedienst beendet, ging es nach Deutschland. Dort lebte nämlich sein Onkel Jakob, und der versprach ihm: In Wirtschaftswunder-Deutschland liegt das Geld auf der Straße. Ganz so einfach war es dann doch nicht mit den Finanzen, aber es reichte, um Mama einige Jahre später nachzuholen. Verrückterweise eröffnete er eine sehr deutsche, urige Kneipe, in der er irgendwelchen Besoffskis Bier ausschenkte und sich ausländerfeindliche Sprüche anhören musste. Aber er fand auch Freunde, lebte sich ein, kam gut mit der deutschen Mentalität zurecht.

Der Sechstagekrieg

Der Sechstagekrieg, in dem Shais Vater 1967 kämpfte und der auf Arabisch auch als Naksah (Rückschritt) bezeichnet wird, führte zur Eroberung und Besetzung der Golanhöhen, Ostjerusalems, des Westjordanlands, Gazas und der Sinai-Halbinsel durch die israelische Armee. Während Ostjerusalem und später die Golanhöhen von Israel annektiert wurden (ohne dass dies international anerkannt wird) und der Sinai im Zuge des Friedensvertrags von 1979 an Ägypten zurückging, blieben das Westjordanland und Gaza besetztes Gebiet, in dem jüdische Zivilist*innen bereits ab 1967 Siedlungen errichteten.[9] Für viele Israelis bedeutete dies eine Rückkehr ins biblische Kernland von Eretz Israel und ein neues Selbstvertrauen durch den schnellen Sieg über die Nachbarländer. Für die im Westjordanland und Gaza verbliebenen Palästinenser*innen (rund 350 000 waren im Zuge des Krieges geflüchtet oder vertrieben worden, der Großteil nach Jordanien) war es der Beginn des israelischen Besatzungsregimes, das bis heute anhält.[10]

Und Mama? Mama wartete darauf, dass wir nach Israel zurückziehen würden. Das passierte nicht, stattdessen kam ich in einen jüdischen Kindergarten, dann in eine Grundschule mit jüdischem Religionsunterricht, machte meine Bar Mitzwa und wurde von Papa öfter in die Synagoge geschleppt, als mir lieb war. Der Reality-Check kam, als mir am Ende der Grundschulzeit eine Empfehlung für die Realschule verpasst wurde, im Gegensatz zum Großteil meiner jüdischen Mitschüler*innen. Auf der Realschule traf ich plötzlich auf eine Welt, in der ich »Jude« war – »anders«. Aber reflektiert habe ich das zu diesem Zeitpunkt nicht. Weder ich noch meine Eltern haben über unsere gesellschaftlichen »Rollen« nachgedacht. Ich komme aus einem bildungsfernen Arbeiterhaushalt, ich habe lange Zeit überhaupt nicht gemerkt, wie verkrampft Deutsche mit Juden*Jüdinnen umgehen.

Meine Kindheitssommer waren Israelsommer: Meer, Strand, blauer Himmel, Falafel, Touren durchs Einkaufscenter, Cousins und Cousinen. Alles rosarot – ich wollte dableiben. Nach unserer Rückkehr hatte ich oft tagelang schlechte Laune, so schwer fiel es mir, mich wieder anzupassen. Einige Jahre später mussten wir auf die Reisen verzichten, sie ließen sich finanziell nicht mehr bewerkstelligen. Als wir dann endlich wieder fliegen konnten, hatte sich Israel verändert. Plötzlich hörte man von Terroranschlägen, hatte Angst, in den Bus zu steigen. Wenn mein Cousin, der zu dieser Zeit seinen Armeedienst ableistete, in Uniform und mit Gewehr über der Schulter nach Hause kam, dachte ich: Das will ich auch! Ich will Israel verteidigen, ich will für Israel kämpfen.

Doch als ich dann ein paar Jahre später mit der Schule fertig war, hatte ich – zum Glück – etwas ganz anderes im Sinn. Singen! Das war es, was ich wirklich machen wollte. Das war auch das Einzige, was mir gefiel, wenn ich Papa zuliebe mal wieder in die Synagoge ging: die Melodien, die Gesänge, die wesentlicher Bestandteil des Gottesdienstes sind. Seitdem ich mit zehn Jahren einen langwierigen Krankenhausaufenthalt aufgrund meines chronischen Nierenleidens hinter mich gebracht hatte und immer wieder mit den Folgen kämpfte, fragte ich mich: Wie kann das eigentlich sein mit dem lieben Gott? Ich gehe durch die Hölle, und ihm ist es egal? Wieso gibt es Kriege auf der Welt und so viel Leid? Ich fühlte mich in der Religion fremd. Papa versuchte jahrelang, mir etwas mitzugeben, etwas Identitätsstiftendes. Aber ich konnte mich darin nicht wiederfinden. Mein Jüdischsein ist ein Lebensgefühl, kein Korsett einer Religion. Mein Jüdischsein stellt mir Fragen, beobachtet und führt dazu, dass ich meine Haltung zum Glauben jeden Tag neu überdenke.

Aber darüber habe ich mit siebzehn, mit einem grottenschlechten Realschul-Abschlusszeugnis in der Tasche, nicht nachgedacht. Ich wollte Musik machen. Meine Eltern, die wollten das leider nicht. Es war so ein klassisches Entweder-Ausbildung-oder-deine-Füße-kommen-nicht-mehr-unter-unseren-Tisch-Gespräch. Papa organisierte mir eine Ausbildung zum Hotelfachmann. Ich als Page, ich im Zimmerservice, ich im Housekeeping, ich beim Küchendienst. Nach einem halben Jahr wurde ich gekündigt – zu unreif, zu viel anderes im Kopf. Und dann war ich auch noch mit dem Küchenpersonal aneinandergeraten. Da fielen antisemitische Sprüche, die ich nicht hinnehmen wollte. Aber ich war als Azubi der Schwächere. Das Ende vom Lied war, dass Papa seine Connections spielen ließ und ich eine weitere Chance erhielt.

Diesmal aber vorne an der Rezeption, und das änderte alles. Ich durfte mit Menschen sprechen, charmant sein, Gäste bezaubern – fast wie auf einer Bühne. Da habe ich dann das erste Mal positives Feedback erhalten und Spaß gehabt.

Doch als ich die Ausbildung endlich hinter mich gebracht hatte, hielten mich keine zehn Pferde mehr. Ich versuchte gar nicht erst, eine Anstellung zu finden. Es war die Zeit der Castingshows, und ich witterte meine Chance, endlich als Sänger auf die große Bühne zu kommen. *Star Search* hieß das Format von Sat.1, für das ich mich bewarb, genommen wurde und 2004 tatsächlich bis unter die letzten acht Sänger*innen, also ins Viertelfinale, kam. Am Ende waren es jedoch nicht meine Gesangskünste, die mich in die Schlagzeilen brachten, sondern meine kesse Lippe – buchstäblich und im übertragenen Sinne. In einer Live-Sendung hatte mich die Jurorin Alexandra Kamp als Mischung aus dem Model Marcus Schenkenberg und Kermit der Frosch, bezeichnet, eine Anspielung auf meine vollen Lippen. Ich antwortete spontan und kackfrech: »Deine Lippen sind auch sehr schön – aber ich bin im Gegensatz zu dir mit meinen geboren!« Was dafür sorgte, dass das Publikum am Boden lag – und ein handfester Skandal losgetreten wurde. »Lippen-Gate« endete nämlich mit dem Rausschmiss von Alexandra Kamp, nachdem ihr Kollege Hugo Egon Balder sich in der Boulevardpresse und bei Stefan Raab unflätig über ihre vermeintlichen Schönheitsoperationen ausließ und sie sich dagegen wehrte. Aus heutiger Sicht war es eine sexistische Body-Shaming-Kampagne, die da seitens der

Medien gefahren wurde. Und ich mittendrin, auf Clips bei *TV Total*, in *Bild* und *BZ* – sogar im *Spiegel* wurde darüber berichtet. Damals noch ohne Bewusstsein für die antifeministische Dimension der Berichterstattung, genoss ich die Aufmerksamkeit, und mir war klar: Du kannst auf einer Bühne stehen, du bist schlagfertig, du weißt, wie man Leute unterhält.

Die Castingshow wurde mein Sprungbrett in die Schauspielerei, und in den folgenden Jahren spielte ich in mehreren Soaps mit. Als ich dann jedoch aufgrund meiner Krankheit nicht mehr das leisten konnte, was eine in zermürbender Taktung gedrehte Fernsehserie verlangte, erlebte ich eine herbe Enttäuschung. Meine Nierenwerte hatten sich rapide verschlechtert, mein Körper vergiftete sich langsam selbst, meine Energie war im Keller. Im April 2007 spendete mir Papa eine Niere. Aber mein Arbeitgeber nahm keinerlei Rücksicht, als ich in den Monaten danach ausfiel, weil ich von der Transplantation geschwächt war: Ich wurde ohne ein Wimpernzucken aus der Soap *Verbotene Liebe* herausgeschrieben. Damit war mein Interesse an dieser Branche schlagartig erloschen. Wenn mit Menschen so unempathisch umgegangen wird, man nicht mehr ist als ein kleines, unbedeutendes Zahnrad, dann wollte ich in diesem Bereich nicht länger mein Geld verdienen.

Ich hatte parallel aber auch als Manager für meine Band gearbeitet, und auch das hatte mir großen Spaß gemacht, das Organisieren und Verhandeln. Als ich von einem Freund erfuhr, dass es die Möglichkeit gibt, auch ohne Abitur zu studieren, packte ich die Gelegenheit beim Schopf: Ich studierte BWL an der Hochschule für Wirtschaft und Recht in Berlin. Durch meine Transplantation hatte ich ganz neue Energie, und das Studium fiel mir viel leichter als die Schule. Ich musste auch nicht mehr irgendwelchen Produzenten und Regisseuren gefallen. Ich hatte endlich das Gefühl: Du machst hier etwas nur für dich.

In das soziale Engagement bin ich mehr oder weniger zufällig reingestolpert. Mein Freund Van Bo Le-Mentzel hatte ein Crowdfunding gestartet, um Karma Chakhs, nachhaltig produzierte und fair gehandelte Schuhe, zu vertreiben. Dieses Projekt, in dessen Rahmen wir später auch nachhaltige Rucksäcke und Taschen herstellen ließen, übernahm ich direkt nach dem Studium als Co-Geschäftsführer. Ein Stück weit hatte mich auch meine Krankheit dazu befähigt zu sagen: Ich habe nichts zu verlieren. Ich stürze mich in eine Sache und kämpfe mich da durch.

Dieses Projekt bewirkte, dass ich einerseits viele praktische Erfahrungen sammelte und andererseits anfing, mir politische Gedanken zu machen: Wo und wie werden Waren produziert? Wer profitiert von der Globalisierung? Ich begann wahrzunehmen, was um mich herum passiert. Ich beobachtete den Aufstieg der AfD, und er machte mir Angst. Durch die sogenannte Flüchtlingskrise von 2015 und den Widerstand gegen die Aufnahme der Geflüchteten wurde dieses Gefühl noch verstärkt. Ich dachte: Du musst etwas tun. Ich wollte begreifen, woher diese Angst, diese Vorurteile der Menschen gegenüber Geflüchteten kommen.

So entstand die Idee für den Bus der Begegnungen, mit dem ich im Spätsommer 2017, zwei Wochen vor den Bundestagswahlen, durch Deutschland fuhr, um mit den Menschen ins Gespräch zu kommen. Gemeinsam mit der Geflüchteteninitiative *Über den Tellerrand* und vielen anderen tingelten wir von Dorfplatz zu Dorfplatz, von Stadt zu Stadt, und erfuhren, wie gut der Populismus ankommt. Wie ungesehen die Leute sich fühlten, wie sehr sie auf einfache Erklärungsmuster ansprangen und wie verankert die Vorstellung von »die bekommen alles und wir nichts« war. Gleichzeitig machte ich aber auch die Erfahrung, dass Menschen sich öffnen und gesprächsbereit sein können, wenn ich sie nicht vorverurteile. Da waren die Frauen, die mich wie vom Donner gerührt anstarrten, als sie erfuhren, dass sie einem Juden gegenüberstanden (O-Ton: »Du siehst ja gar nicht so aus!«), sich aber danach auf ein langes Gespräch einließen. Da war der Mann, ein Protestwähler, der meinen Ängsten zuhörte und schließlich eingestand, dass er sie nachvollziehen konnte.

Der Bus der Begegnung war mein erstes aktivistisches Projekt und erfuhr viel Medienaufmerksamkeit. Es folgten viele weitere Initiativen und Touren, mit dem Demokratie-Bus durch Bayern, mit dem Tiny House »Grundgesetz« durch Berlin und mit dem Bus der Zukunft durch Frankfurt am Main.

Ich war zu einem politischen Menschen geworden, und es ist klar, dass sich damit auch meine Beziehung zu Israel änderte. Tatsächlich hatte die israelische Botschaft in Deutschland 2015 eine Videoreihe finanziert, in der ich

»mein Israel« in sechs Fünf-Minuten-Folgen auf YouTube vorstellte. Dabei wollte ich Facetten darstellen, sprach von den verschiedenen Völkern in dem kleinen Land, die sich Frieden wünschten, zeigte einen Street-Art-Künstler und Start-up-Gründer*innen, die Tel Aviver Pride Parade, einen jüdisch-arabischen Kindergarten und Menschen, die sich für Geflüchtete einsetzen – aber die Realität des jahrzehntelangen Konflikts, die Realität der Besatzung der palästinensischen Gebiete blendete ich völlig aus.

Aufgerüttelt wurde ich, als in Israel im Sommer 2018 ein neues Grundgesetz⁎ verabschiedet wurde, das den Titel »Israel – der Nationalstaat des jüdischen Volkes« trägt. Darin wurde der jüdische Charakter des Staates festgehalten, ohne demokratische Prinzipien auch nur zu erwähnen. Arabisch wurde von einer offiziellen Landessprache zur »Sprache mit speziellem Status« degradiert und die jüdische Besiedlung als »nationaler Wert« beschrieben, ohne in irgendeiner Weise auf die Rechte von Minderheiten einzugehen. Da habe ich angefangen, mir große Sorgen zu machen.

Ich war ja aufgewachsen mit einem Narrativ, in dem Palästinenser*innen entweder gar nicht oder nur als Gefahr vorkommen. Meine israelische Familie hatte mich davor gewarnt, in die Westbank zu reisen – und ich hatte auch selbst lange Zeit Angst davor. Trotzdem wagte ich es schließlich, nach Ramallah zu fahren und dort Palästinenser*innen zu treffen. Das war mehr als au-

---

⁎ Israel hat keine Verfassung, sondern vierzehn verfassungsähnliche Grundgesetze.

genöffnend, es war wie eine Backpfeife! Dieser Kontrast der beiden Gesellschaften, die so nah beieinanderleben und doch in so verschiedenen Welten, beeindruckte mich tief.

Und ich merkte: Eigentlich will ich etwas dazu sagen. Ich war in Deutschland zu einem Demokratie-Aktivisten geworden, aber hier, in meiner zweiten Heimat, war sie doch in höchstem Maße gefährdet! Trotzdem hat es lange gedauert, bis ich mich öffentlich äußerte. Ich hatte das Gefühl, nicht sprechfähig zu sein, weil mir detailliertes Wissen fehlte. Der schwierige Diskurs in Deutschland, in dem es in erster Linie um deutsche Befindlichkeiten geht und selbst Juden und Jüdinnen Antisemitismus vorgeworfen wird, wenn sie nicht ausschließlich für die – in Anführungsstrichen – jüdische Sache werben, schreckte mich ab. Dabei fragte ich mich, was Deutschlands bedingungsloser Schutz Israels eigentlich für die Verantwortung gegenüber den Palästinenser*innen bedeutete. Ich beobachtete, was palästinensischen Menschen in Deutschland passierte, die sich in irgendeiner Weise äußerten, die Moderationsjobs verloren, gecancelt wurden. Aus diesen Überlegungen und Sorgen heraus entwickelte ich das Konzept der Israel-Palästina-Bildungsvideos, mit denen sowohl die Situation in Israel und Palästina als auch jüdisches und palästinensisches Leben in Deutschland beleuchtet werden sollte.

Aber meine öffentliche Stimme habe ich erst erhoben, nachdem ich mich durch eine intensive Recherchereise nach Israel und Palästina im Sommer 2022 dazu befähigt fühlte. Ich sprach mit Expert*innen und

Wissenschaftler*innen, mit Menschenrechtsaktivist*innen, mit Palästinenser*innen und jüdischen Siedler*innen. Ich besuchte palästinensische Städte in der Westbank ebenso wie jüdische Siedlungen in Hebron und Ostjerusalem. Als dann die israelische Regierung den Umbau des Justizsystems und die Einschränkung der Gerichte vorantrieb, konnte ich mit meinem erworbenen Wissen den Zusammenhang zur expansiven Siedlungspolitik und zur Besatzung erkennen. Und dann habe ich mich endlich von der Leine gelassen.

Es war wie ein Tritt gegen eine Stalltür, mit dem ich ein ungezähmtes Pferd losgelassen habe. Am 15. März 2023 veröffentlichte ich mein erstes Reel zum Thema, in dem ich den Bundeskanzler und den Bundespräsidenten anlässlich eines Besuchs des israelischen Premierministers Benjamin Netanjahu dazu aufforderte, die Justizreform in Israel deutlich zu kritisieren. In den nächsten Monaten folgten Beiträge zur Staatsräson, zur Zweistaatenlösung, zur »From the River to the Sea«-Parole, zum deutschen Schuldkomplex, zu Massendemonstrationen in Israel und vielem mehr. Entgegen meinen ursprünglichen Sorgen waren die Reaktionen aus meiner damals noch ziemlich kleinen Followerschaft größtenteils positiv. Es war klar, dass es einen Bedarf an aufklärendem Material gibt, das versucht, einen ausgewogenen Blick auf Israel und Palästina zu werfen, und trotzdem eine Haltung transportiert. Wie hoch dieser Bedarf wenige Monate später sein würde, konnte ich mir nicht vorstellen. Dabei hatten viele meiner Gesprächspartner*innen vor Ort gewarnt, dass es eines Tages zu einer nie da gewesenen Eskalation kommen würde.

Wer wir sind: Unsere gemeinsame Arbeit

Wir, Jouanna und Shai, haben uns über ein von dem Architekten und Autoren Van Bo Le-Mentzel initiiertes Format des Vereins DeutschPlus kennengelernt. Shai war 2015 als Moderator für eine auf Jugendliche ausgerichtete Videointerviewreihe namens *School Talks* tätig, in der Menschen mit Migrationsgeschichte ihre Berufe und Werdegänge darstellten. Eine Art Berufsinformationszentrum als YouTube-Format, also BIZ in cool. Im Februar 2015 saß Jouanna auf Shais Interviewcouch und berichtete von ihren Erfahrungen als Sozialmanagerin im Mädchen-Treff und ihren Träumen für bessere Bildung.[⁎] Während des Interviews fragte Shai Jouanna nach ihren Wurzeln und erfuhr so, dass sie Palästinenserin ist. Von Shais Identität als Jude mit israelischen Eltern wusste Jouanna zu diesem Zeitpunkt nichts. Nach dem Interview fuhren wir jedoch zufällig gemeinsam in der U-Bahn, und so kam es zu einem Gespräch. Shai hatte während des Interviews und in der Vorbereitung schon gemerkt, dass ihn Werte und Einstellungen mit Jouanna verbanden – und plötzlich war es ihm ein Bedürfnis, Jouanna zu sagen, dass seine Eltern aus Israel

---

⁎ Wer uns bei unserem ersten Gespräch in jugendlicher Schönheit und Frische zuschauen möchte, wird auf YouTube immer noch fündig. »School Talks mit Jouanna Hassoun« ist unter https://www.youtube.com/watch?v=KhUKCKimhrs&ab_channel=DeutschPlus abzurufen.

stammen. Tatsächlich fühlte es sich an, als gäbe es eine besondere Verbindung zwischen uns. Jouanna erzählte Shai, dass sie noch nie in Palästina gewesen sei – und Shai antwortete: »Inshallah – eines Tages werden wir zusammen hinfahren.«

Danach wurden wir Facebook-Freunde, wie man das eben vor zehn Jahren noch machte, und verfolgten so die Aktivitäten des/der jeweils anderen. 2018 organisierte Jouanna dann eine Dialogveranstaltung zu gruppenbezogener Menschenfeindlichkeit und muslimischem Antisemitismus im Rahmen ihres Projekts »Make Hummus not Walls«, zu der sie Shai als Gesprächsteilnehmer anfragte. Shai, der damals noch kaum mit seiner jüdischen Identität in die Öffentlichkeit getreten war, lehnte ab, besuchte die Veranstaltung jedoch als Zuschauer. Ein anderer jüdischer Teilnehmender ging Veranstalter*innen und Panelmitglieder während des Events hart an und warf Muslim*innen vor, den Antisemitismus mit der Muttermilch aufgesogen zu haben. Als Shai dem widersprach und auch die jüdische Gemeinde kritisierte, kam es im Nachgang des Panels zu einer nicht öffentlichen Diskussion zwischen uns dreien, bei der Shai heftigst beschimpft wurde – als Verräter und Nestbeschmutzer. Für Jouanna war das ein Aha-Erlebnis: Sie erlebte, wie ein progressiver Mensch von einem konservativen Mitglied seiner eigenen Community angegangen wurde, genau wie es auch ihr selbst schon zahlreiche Male passiert war. Das hat eine gewisse Solidarität zwischen uns geschaffen.

Als Shai kurze Zeit später das Projekt *Israel-Paläs-*

tina Bildungsvideos[⋊] ins Leben rief, war ihm klar, dass daran Palästinenser*innen beteiligt sein müssen, und er bat Jouanna, ihn mit einem Pitch-Video für potenzielle Geldgeber*innen zu unterstützen. Eigentlich hatte Shai geplant, Videos in Israel und Palästina zu drehen, inzwischen durchkreuzte jedoch die Coronapandemie seine Pläne. Also wurden die ersten Videos stattdessen in Deutschland mit jungen Menschen mit verschiedenen Hintergründen und verschiedenen Perspektiven auf den Nahostkonflikt gedreht. In dem Workshop, bei dem diese Videos aufgezeichnet wurden, traten wir beide als Moderator*innen auf, die außerdem von ihrer eigenen Geschichte erzählten – eine ganz ähnliche Rolle also wie heute bei unseren Trialogen. Wir dockten Shais Vorhaben an Jouannas Projekt »Make Hummus not Walls« an, für das wir einen Aufstockungsantrag bei der Landeskommission Berlin gegen Gewalt stellen konnten. So war es uns, gemeinsam mit unserem pädagogischen Team, möglich, die Videos und die Bildungsmaterialien zu entwickeln, die heute auf unserer Webseite zur Verfügung stehen, um für multiperspektivische Unterrichtseinheiten zum Nahostkonflikt kostenlos verwendet zu werden.

Diese Zusammenarbeit hat das Vertrauen zwischen

⋊ Mit dem Namen jedes Projektes zum Thema beginnt schon die Schwierigkeit: Wen nennen wir zuerst? Man kann es sich leicht machen und mit dem Alphabet argumentieren. Dass die Reihenfolge aber keine Selbstverständlichkeit ist, stellen wir auf unserer Webseite dar, indem die Worte »Israel-Palästina-Palästina-Israel« als ewig laufendes Kreislogo (entwickelt von Jakob Listabarth) gezeigt werden.

uns geschaffen, das notwendig ist, um gemeinsam unsere Trialoge an Schulen und Institutionen durchzuführen.

Denn, seien wir ehrlich: Was wir machen, grenzt an Wahnsinn. Würde jemand mit gesundem Menschenverstand sich mit unseren Identitäten als Palästinenserin und Jude so exponieren, wie wir es zurzeit tun? Wir stellen uns mitten in die deutsche Gesellschaft mit all ihren Identitätskrisen und sagen: Prügelt auf uns ein. Das kann man nur mit jemandem tun, mit dem man ein Wertesystem teilt und von dem man weiß, er – beziehungsweise sie – wird meine Identität, das Leid des anderen, meine Existenz niemals infrage stellen. Weil es eine langjährig gewachsene Vertrauensbasis gibt.

Jouanna, wann bist du zum ersten Mal einer jüdischen Person begegnet?

Ich bin zum ersten Mal wissentlich einem Juden begegnet – einem Israeli übrigens –, als ich 2006 beschloss, an einem muslimisch-jüdischen Dialogprojekt teilzunehmen. Ich wusste also, dass mir die Teilnehmenden an diesem Projekt bis zu einem gewissen Grad offen gegenüber sein würden. Trotzdem war es erstaunlich für mich, wie nahe wir uns waren, wie ähnlich. Es handelte sich allerdings auch um einen Israeli, der in Deutschland ein anderes Bewusstsein für den Nahostkonflikt und das Leid der Palästinenser vermitteln wollte.

Das war meine erste Begegnung – aber meine erste Auseinandersetzung mit jüdischen Menschen, die passierte, als ich in der fünften oder sechsten Klasse das *Tagebuch der Anne Frank* las. Das hat mich sehr erschüttert. So sehr, dass ich im Flüchtlingsheim darüber gesprochen habe. Und da hat man mir dann gesagt: »Wieso hast du Mitleid mit einem jüdischen Mädchen? Das sind doch die, die uns das Land weggenommen haben!« Da wurde also die Verbindung für mich hergestellt zwischen den Juden und Israel. Ich war sehr irritiert und trug es zurück in die Schule. Ich fragte die Lehrerin: »Warum soll ich Mitleid mit Anne Frank haben? Mit uns Palästinenser*innen hat auch keiner Mitleid, und niemand interessiert sich für uns!« Die Lehrerin wurde knallrot und warf mich raus. Sie hat nicht nachgefragt, warum ich so etwas sagte, wo ich doch am Vortag noch so erschüttert gewesen war. Sie hat nicht mit mir darüber gesprochen, warum es falsch ist, zu verallgemeinern. Sie tat genau das, was wir auch heute manchmal bei Lehrenden beobachten: Keine Komplexität zulassen, den Schüler*innen den Mund verbieten, statt gemeinsam Dinge zu erarbeiten und zu ergründen.

Später bin ich dann einer Israelin begegnet, die nicht wusste, dass ich Palästinenserin bin. Und irgendwie habe ich sie mit jemandem verwechselt und gefragt, ob sie nicht diese Person ist, die sich auch für palästinensische Geflüchtete einsetzt. Da schaute sie mich entgeistert an und sagte: »Du meinst Araber. Es gibt keine Palästinenser!« Das tat weh. Ich habe ihr dann nur noch gesagt, dass ich eine von denen bin, die in ihren Augen nicht existieren. Später rief ich den Israeli aus meiner ersten Begegnung an, mit dem ich inzwischen befreundet war. Er sagte: »Siehst du, ich habe dir gesagt, dass es auch solche gibt, das musstest du jetzt auch mal erfahren!« Er fand mich inzwischen nicht mehr israelkritisch genug. Aber ich hatte sozusagen mehrere Jahre positiver Erfahrungen, die diesem Erlebnis vorausgingen.

Shai, wann bist du zum ersten Mal einer palästinensischen Person begegnet?

Unbewusst hatte ich bestimmt in der Schulzeit mit Palästinenser*innen zu tun – im Sportverein oder auf dem Bolzplatz. Aber bewusst bin ich zum ersten Mal in Israel Palästinenser*innen begegnet. In Deutschland war Jouanna die erste Palästinenserin, mit der ich intensiv gesprochen habe. Dafür war der Rahmen der School Talks ausschlaggebend. Es gibt ja wissenschaftliche Studien darüber, wie Begegnungen konstruiert sein müssen, damit man Vorbehalte und die Angst vor Fremdem verliert. Es ist eben nicht, indem man zusammenkommt und über ebendiese Angst spricht. Es braucht vielmehr gemeinsame Erlebnisse, gemeinsames Kochen oder Fußballspielen, um sich auf einer anderen Ebene kennenzulernen und dann festzustellen, dass man gewisse Werte miteinander teilt. Danach kann der Kontakt sich intensivieren und verstetigen, bis es möglich ist, auch über Konfliktgeladenes zu sprechen.

Da fällt mir ein – in der Oberschule bin ich auch einem Palästinenser begegnet. Der hat mich immer »Yahudi«⁕ genannt und gemobbt. Außerdem hatte ich einen muslimischen Mitschüler, der später Rapper geworden ist, der mich ebenfalls nicht gut behandelte und mir vermutlich

⁕ Arabisch für »Jude«

auch antisemitische Sprüche an den Kopf geworfen hat, aber das ist …

Jouanna

Weißt du, was mir plötzlich bewusst wird? Die ersten jüdischen Menschen, die ich je getroffen habe – also, je nachdem, wie man »treffen« definiert –, waren israelische Soldaten im Libanon. In meiner Kindheit. Das waren Männer in Uniformen und Helmen, mit Maschinengewehren, die mir Angst gemacht haben.

Wir schweigen.

Jouanna

Das heißt also, dass unser beider erstes Erlebnis eigentlich ein negatives war, an das wir uns aber erst erinnert haben, als wir richtig in die Tiefe gegangen sind. Was bedeutet das?

Shai

Das bedeutet, dass der Mensch zum Glück befähigt ist, Schlimmes zu verdrängen. Das ist so wie der Geburtsschmerz, den Frauen vergessen, damit sie überhaupt bereit sind, nochmals zu gebären. Andererseits gibt es auch viele Menschen, die ihr ganzes Weltbild auf den Dingen aufbauen, die sie negativ geprägt haben.

Jouanna
Das ist auch der Grund, warum sie meist in der Opferhaltung verharren und nicht konstruktiv sind. Ich möchte eher etwas bewegen, als mich nur als Opfer zu identifizieren. Ich kann die Welt nicht verändern, aber doch mein direktes, kleines Umfeld. Auf Arabisch sprechen wir von der Gabe des Vergessens. Ich bin froh, dass wir diese haben – sonst hätte ich meinen Lebensweg gar nicht so gehen können.

Es war natürlich ein Prozess in meinem Leben, der letztendlich dazu geführt hat, dass ich mich dem muslimisch-jüdischen Dialog öffnen wollte. In der Oberschule bin ich mehr als einmal mit Lehrenden in Konflikt geraten, weil ich Dinge im Geschichtsunterricht gesagt habe, die sie nicht ertrugen. Wenn ich sagte, dass die Existenz Israels dazu geführt hat, dass wir Palästinenser*innen kein Land mehr haben. Ich habe keine Holocaust-Relativierung betrieben, ich habe niemanden beschimpft, und doch konnten die Lehrkräfte das nicht aushalten. Dabei hatte ich gleichzeitig ein unglaubliches Mitgefühl den jüdischen Opfern gegenüber. Das war für mich nie ein Widerspruch, auch wenn es in meinem Umfeld durchaus Menschen gab, die schreckliche Dinge gesagt haben wie »Hitler hatte recht«. Das hat mich schon als Jugendliche angewidert, und ich habe das nicht stehen lassen und mich dann mit solchen Leuten auch gestritten. Doch gleichzeitig trieb mich die Frage um: Was ist mit uns Palästinenser*innen?

Einmal habe ich bei einer Demonstration zu Beginn der zweiten Intifada ein Pamphlet in die Hand gedrückt bekommen, in dem stand, dass die Zionisten den Holocaust inszeniert hätten, um die Gründung des Staates Israels zu ermöglichen. Da habe ich sogar als achtzehnjähriges Mädchen aus dem Asylbewerberheim verstanden: Das ist Bullshit. Dieses Flugblatt war ein Auslöser für mich, um eigenständig nachzuforschen, mich weiterzubilden, erst über das Judentum und den Holocaust und später dann auch über Israel und den Zionismus. Es war also ein mehrjähriger Prozess, bis ich mental bereit dafür war, mit dem jüdisch-muslimischen Dialog zu beginnen.

Muhammad al-Durra

Die Demonstration, auf der Jouanna das erwähnte Flugblatt in die Hand bekam, muss Anfang Oktober 2000 stattgefunden haben, denn es handelte sich um eine Kundgebung anlässlich des Todes von Muhammad al-Durrah. Der Zwölfjährige war am 30. September im Kreuzfeuer zwischen israelischer Armee und palästinensischen Militanten in Gaza erschossen worden, was von einem palästinensischen Kameramann für einen französischen Fernsehsender gefilmt wurde. Die schrecklichen Bilder, in denen der Junge hinter seinem Vater kauert, der verzweifelt versucht, ihn zu schützen, gingen um die Welt und wurden zu einem Symbol des palästinensischen Aufstandes. Während die israelische Armee zunächst angab, für die tödlichen Schüsse verantwortlich gewesen zu sein, wurde dieses Eingeständnis einige Jahre später revidiert. In der öffentlichen Schlacht um die Auslegung der Ereignisse, bei dem der sinnlose Tod eines Kindes einerseits als Märtyrertum in den Dienst einer höheren Sache gestellt und als Rechtfertigung für Gewalt genutzt und andererseits in Verschwörungstheorien von einer Inszenierung »Pallywoods« verleugnet wurde, offenbart sich die ganze Tragödie des Nahostkonflikts und seiner medialen Darstellung: Entgegen der Erwartung, dass Bilder Wahrheit transportieren, sehen die Zuschauer »was sie sehen wollen«, so Charles Enderlin, der französisch-israelische Journalist, der die Bilder veröffentlichte.[11] Was dabei völlig in den Hintergrund gerät, damals wie heute, ist das, was die Menschen vor Ort wirklich brauchen – eine Entwicklung, die verhindert, dass weitere Kinder getötet werden, eine politische Lösung, die Freiheit und Sicherheit für alle bedeutet.

Shai

Für mich hat ja meine jüdische Identität ganz lange in der Öffentlichkeit keine Rolle gespielt. Ich war sehr vorsichtig und habe sehr lange überlegt, ob ich das machen will – insbesondere auch, ob ich mich zum Themenkomplex Israel/Palästina positionieren möchte.

Aber auch bei mir war es natürlich ein langer Prozess. Ich war ja der schlechteste Schüler der Welt – oder zumindest meiner Klasse. Wenn es nach meinen Lehrer*innen gegangen wäre, säße ich heute nicht hier, da hat wirklich niemand geglaubt, dass ich eines Tages intellektuelle Gespräche führen würde. Ich habe meine Zuflucht in der Musik und der Kunst gesucht, und als ich später Schauspieler und Musiker wurde, da bin ich Menschen begegnet, die mir ganz neue Perspektiven aufgezeigt haben, die daran glaubten, dass ich ganz anderes erreichen könnte. Diese Karriere, das Geldverdienen, der Austausch mit anderen Künstler*innen, all das hat mir damals Freiräume ermöglicht, um mir Gedanken zu machen. Ich habe mich mit den Charakteren, die ich gespielt habe, auseinandergesetzt, habe mich also in andere hineinversetzt. Ich glaube, dadurch habe ich Blut geleckt, bekam richtig Lust darauf, Fremdes zu erleben und Menschen kennenzulernen, die ich spannend finde.

Jouanna

Als Palästinenser*in oder Jude*Jüdin befindet man sich ja im Prinzip qua Geburt in einem von der Außenwelt konstruierten Konflikt, dessen Teil man ist, obwohl einen niemand gefragt hat, ob man das will. Mir ist es irgendwann ein Bedürfnis geworden, die andere Seite in diesem Konflikt kennenzulernen. Ging dir das auch so?

Shai

2016 habe ich in der Wirtschaftszeitschrift *Brand eins* einen Artikel gelesen, der mich einfach vom Hocker gehauen hat. Es ging um einen amerikanischen Palästinenser, der nach seinem Studium an einer Eliteuni den Entschluss gefasst hatte, nach Palästina zu gehen, um sich selbstständig zu machen und in Ramallah Arbeitsplätze zu schaffen. Er wollte seine Privilegien nutzen, um für seine Freunde und sein Volk einzustehen. Das hat mich so beeindruckt, dass ich ihn sofort auf Facebook gesucht und kontaktiert habe. Ich habe ihn dann tatsächlich getroffen und in Ramallah besucht – das war mein allererster Besuch in den palästinensischen Gebieten. Er hatte eine sehr beeindruckende Persönlichkeit, und ich hatte das Gefühl, dass ich ihn unbedingt treffen muss. Über Politik haben wir übrigens nicht gesprochen.

Wer sind wir?

In der Reflexion über unsere Begegnungen, Erfahrungen und die Entwicklung unserer Beziehung erkennen wir, dass die Frage »Wer sind wir« weit über die bloße Beschreibung unserer ethnischen und kulturellen Identitäten hinausgeht. Es ist eine Frage, die die Essenz unseres Seins und unserer Menschlichkeit berührt. Auf unserer Reise des gegenseitigen Kennenlernens haben wir erfahren, dass Identität nicht statisch ist, sondern sich im Laufe der Zeit formt und verändert. Wir haben gelernt, dass wir nicht durch unsere Herkunft oder die Konflikte, in die wir hineingeboren wurden, definiert werden, sondern durch unsere Entscheidungen, unsere Handlungen und vor allem durch die Art und Weise, wie wir mit anderen interagieren. »Wer sind wir« ist eine Frage, die uns dazu herausfordert, über die Grenzen von Kultur, Religion und Nation hinauszublicken und das gemeinsame Menschsein anzuerkennen, das uns alle miteinander verbindet. Es ist eine Frage, die uns dazu einlädt, Mitgefühl, Empathie und Verständnis für die Erfahrungen anderer zu entwickeln, auch wenn sie sich von unseren eigenen unterscheiden. Letztendlich haben wir erkannt, dass »Wer wir sind« nicht nur eine Frage ist, die wir für uns selbst beantworten müssen, sondern auch eine Frage, die wir gemeinsam mit anderen erkunden und beantworten wollen. Indem wir uns gegenseitig zuhören, voneinander lernen und gemeinsam wachsen, schaffen wir ein Umfeld, in dem Vielfalt geschätzt, Konflikte überwunden und Verbindungen aufgebaut werden können.

Fragen an die Lesenden

1. Welche persönlichen Geschichten kannst du teilen, um aktiv zu einem respektvollen und wertschätzenden Dialog beizutragen – selbst wenn dieser außerhalb deiner Komfortzone liegt?
2. Wie stehst du zu Juden und Jüdinnen in Deutschland? Und wie zu Palästinensern und Palästinenserinnen? Was weißt du überhaupt über sie?
3. Wie kannst du deine Identität als Brücke zwischen verschiedenen Gruppen nutzen, um Verständigung und Zusammenarbeit zu fördern?

3
Schultrialoge: Perspektiven, Zuhören, Verständigung

Montag, der erste Schultag nach dem Massaker der Hamas in Israel. Ein Video geht viral, auf dem in wackligen Bildern ein Tumult auf einem Berliner Schulhof zu sehen ist. Ein Lehrer schlägt einem Schüler ins Gesicht, der diesen daraufhin mit einem Fußtritt zu Boden bringt. Medien berichten später, dass der Lehrer zuvor versucht habe, einem anderen Jungen eine palästinensische Flagge wegzunehmen. Der Lehrer behauptet, seiner Ohrfeige sei ein Kopfstoß durch den Schüler vorausgegangen, der im Video nicht zu sehen ist; der Fünfzehnjährige und Augenzeugen bestreiten dies. Eine Demonstration, die die Elternvertretung der Schule für den nächsten Tag ankündigt, wird von der Polizei untersagt.

Wie auch immer der Vorfall sich genau abgespielt hat: Es ist zu Gewalt an einer deutschen Schule gekommen, die in Zusammenhang mit den Geschehnissen in Israel/Palästina steht.

Für uns war dieses Video vom 09. Oktober 2023 der Auslöser dafür, zu sagen: Da passiert etwas, was gefährlich ist – wir müssen etwas tun!

Shais Gedanken kreisten zunächst um das Bildungsmaterial, das wir fertiggestellt, aber nie beworben hatten, weil uns Geld und Unterstützung fehlten. Das virale Video zeigte, dass die Gefühle von Lehrer*innen und Schüler*innen überkochten – und in unseren Israel-Palästina-Bildungsmaterialien[*] verfolgten wir den Ansatz, Emotionen stärker in den politischen Bildungsprozess einzubinden. Deshalb erschien der Zeitpunkt richtig, um Lehrende auf unsere Arbeit aufmerksam zu machen. Spätabends setzte Shai sich also hin und formulierte einen offenen Brief an Deutschlands Lehrkräfte, den er Jouanna schickte, um sie um ihre Meinung dazu zu bitten. Gemeinsam entschieden wir: Das posten wir jetzt.

Der Post, den wir am 11. Oktober auf unseren Instagram-Kanälen veröffentlichten, erhielt sofort viel Resonanz. Darin sprachen wir uns für eine einfühlsame und zugleich aufklärerische Pädagogik in Konfliktsituationen aus und luden die Lehrkräfte ein, unsere Bildungsmaterialien dafür zu nutzen. Der israelisch-palästinensische Konflikt wird an deutschen Schulen, wenn überhaupt, dann meist mit dem Ziel thematisiert, Antisemitismus zu bekämpfen. Wenn die Antisemitismusbekämpfung aber das *einzige* Ziel ist, kann dies bereits als einseitige Positionierung wahrgenommen und berechtigterweise abgelehnt werden. Denn wenn der Konflikt nur unter dem Prisma des Antisemitismus analysiert wird, müssen die Palästinenser*innen apriori Täter*innen sein und Israelis Opfer. Dass Gewalthandlungen von Israelis ausgehen

---

[*] Kostenlos abrufbar unter www.israelpalaestinavideos.org

können, ist im Rahmen einer solchen Betrachtung dann von vornherein durch das Analyseschema ausgeschlossen. Deshalb verfolgen die von unserem pädagogischen Team entwickelten Materialien den Ansatz, sowohl Antisemitismus als auch (antimuslimischen) Rassismus sowie jüdisches/israelisches und palästinensisches Leben in Deutschland zu thematisieren.

Die drei pädagogischen Herangehensweisen, die wir in unserem Brief aufführten und den Lehrenden näherbringen wollten, waren *Multiperspektivität*, *Ambiguitätstoleranz* und *Selbstreflexion* von Schüler*innen und Lehrkräften – diese Herangehensweisen wurden dann auch die Basis für unsere Trialoge an deutschen Schulen.

Schon als Reaktion auf diesen ersten Post erhielten wir Nachrichten von Lehrer*innen, die uns von den schwierigen Situationen an ihren Schulen berichteten.

Shai war klar: Wir müssen mehr machen. Und er überredete Jouanna. Zum Nachdenken blieb nicht viel Zeit. »Was hältst du davon, wenn wir einfach an die Schulen gehen und zeigen: Wir zwei, eine Palästinenserin und ein Jude, können reden, trotz allem?«

Während Jouanna noch überlegte, setzte Shai sich an ein Grafikprogramm und entwarf einen Post, der uns beide zeigte.

Wie sollten wir unser Projekt nennen? Dialog? Nein, wir wollten ja auch mit den Schüler*innen ins Gespräch kommen, ein Dreieck bilden zwischen uns und den Jugendlichen. Triangel? Trialog! Das klang eingänglich, auch wenn uns ein Linguist wenig später eröffnete, dass es eigentlich »Trilog« heißen müsste. Egal, der »Trialog«

war geboren und wurde zum Eigennamen für unsere Gespräche an Schulen.

Der Post, den wir am 15. Oktober veröffentlichten, lautete: »Wir kommen an Ihre Schule und bieten Trialoge an!«

Die ersten Anfragen erhielten wir noch am selben Abend. Jouanna hatte das prophezeit, und doch waren wir beide erstaunt über die Flut der E-Mails, die uns in den nächsten Tagen erreichte. Überall in Deutschland baten uns Lehrer*innen, teilweise auch Eltern und Sozialpädagog*innen, an ihre Schulen zu kommen, um über die schrecklichen Geschehnisse in Israel/Palästina zu sprechen.

Also mussten wir es jetzt durchziehen, auch wenn wir noch gar nicht überlegt hatten, wie genau wir so eine Begegnung didaktisch überhaupt aufziehen wollten.

Klar war uns jedenfalls, dass die politischen Entscheidungen, die in den letzten Tagen gefallen waren – das Untersagen palästinensischer Symbole an Berliner Schulen,[⋊12] das präventive Verbot von Demonstrationen – genau das Gegenteil einer Beruhigung bewirken würden. Was verboten ist, wirkt ja, speziell auf Jugendliche, gleich doppelt so attraktiv. Diesen Nährboden wollten wir nicht einfach Extremist*innen und Hetzer*innen überlassen oder auch nur denen, die wie in einem Fußballspiel eine

---

⋊ In einem Schreiben der Senatsverwaltung für Bildung, Jugend und Familie vom 13.10.23 hieß es, dass untersagte »demonstrative« Handlungsweisen auch »Symbole, Gesten und Meinungsäußerungen« beträfen, die die »Grenze zur Strafbarkeit noch nicht erreichen«, darunter »das sichtbare Tragen« der Kufiya und »Free Palestine«-Aufkleber.

Seite wählen – wir wollten zeigen, dass ein differenzierter Dialog möglich ist.

Gleichzeitig war es uns besonders wichtig, dass mit Jouanna eine palästinensische Stimme in den Trialogen und in der damit verbundenen Medienarbeit vorkam. Denn dass Palästinenser*innen in der Öffentlichkeit so gut wie keine Plattform gegeben wurde, war angesichts der Absage der Preisverleihungsveranstaltung für die palästinensische Autorin Adania Shibli im Rahmen der Frankfurter Buchmesse und des Fehlens von palästinensischen Stimmen in Talkshow-Formaten und der medialen Berichterstattung mehr als deutlich.

Unser erster Trialog fand am 25. Oktober an einem Kölner Gymnasium statt. Vorher waren schon mehrere Artikel über uns erschienen, und so wurden wir gleich an die erste Schule von einem Team des ARD-Morgenmagazins begleitet. Dieses riesige Medieninteresse erhöhte den Druck auf uns – wir wussten ja gar nicht so richtig, was uns erwartete.

Tatsächlich hatten wir erst am Vorabend einen Ablaufplan entwickelt und überlegt, welche Gesprächsansätze und Übungen aus unseren Bildungsmaterialien wir mit den Schüler*innen benutzen wollten – die sind aber seit diesem ersten Mal ziemlich konstant geblieben. Wir müssen also etwas richtig gemacht haben.

Die Jugendlichen bei unserem ersten Trialog waren Schüler*innen der siebten und achten Klassen, jünger als die meisten, die uns danach begegnet sind. Es gab in der Schülerschaft sowohl palästinensische als auch jüdische

Jugendliche, was sehr selten vorkommt. Aber sie empfingen uns wahnsinnig herzlich, offen und voller Neugier. Nach all der Aufregung und der vielen Arbeit in den zwei Wochen zuvor war die Aula dieser Schule fast so etwas wie eine ruhige Oase.

Ein wesentlicher Bestandteil unserer Arbeit ist es, den Schüler*innen zuzuhören und Verständnis entgegenzubringen, aber in diesem Moment haben *wir* uns verstanden gefühlt. Es kam ein tiefgründiges und differenziertes Gespräch zustande, genau so, wie wir es uns gewünscht hatten. Das war natürlich der ideale Einstieg, denn es hat später auch Trialoge gegeben, bei denen das nicht der Fall war.

Bei diesem ersten Schulbesuch brach auch zum ersten Mal ein Kind in Tränen aus. Es war ein ukrainischer Junge, der seine Ängste über diese Welt voller Krieg mit uns teilte. Shai saß neben ihm und legte ihm den Arm um die Schulter. Es war schwierig, in dieser Situation Trost zu spenden, besonders weil wir seinen Schmerz so gut nachvollziehen konnten. Aber zumindest konnten wir ihm und den anderen vermitteln: Es ist okay, wenn ihr euren Gefühlen freien Lauf lasst. Wir sind für euch da.

Unsere Methodik

Das Sprechen über den israelisch-palästinensischen Konflikt, über Besatzung und Krieg löst starke Gefühle aus, die in Deutschland noch durch die von vielen Menschen empfundene besondere historische Verantwortung gegenüber Juden und Jüdinnen verkompliziert wird. Wenn der Umgang mit Gefühlen nicht geübt wird, werden solche Gespräche noch schwieriger.

In der politischen Bildungsarbeit war ein Fokus auf Gefühle lange verpönt, sollte doch der rationale Blick auf Fakten Wissen vermitteln. Zunehmend setzt sich jedoch die Erkenntnis durch, dass Wissen nicht getrennt von Emotionen betrachtet werden kann.

In unserem pädagogischen Begleitmaterial der Israel-Palästina-Bildungsvideos schreiben Amina Nolte und Helen Sophia Müller dazu: »Viele Begriffe sind beladen mit historischer, emotionaler Bedeutung. Emotionen sind Teil kollektiver Wissensbestände: Menschen verbinden bestimmte Emotionen mit bestimmten Ereignissen, geprägt durch Gruppenzugehörigkeiten. Die ›Brille‹, mit der ein Mensch auf einen Gegenstand blickt, und Interpretationen von Ereignissen, sind geformt durch diese Emotionen.«[13]

Es ist also nicht zu erwarten, dass Schüler*innen, insbesondere diejenigen, die sich durch persönliche Bezüge betroffen fühlen, solche Gefühle ausblenden können. Und sie sollen es auch gar nicht. So heißt es in unserem

Bildungsmaterial weiter: »Zahlreiche Gründe sprechen für eine stärkere Einbindung von Emotionen in politische Bildungsprozesse: Gefühle bieten Orientierung. Sie entstehen auf der Basis von Urteilen und Bewertungen. Gefühle haben damit eine ›Signalfunktion‹: Sie können sich unerwartet entladen und darauf hinweisen, dass es ›eine Spannung in unserem Weltverhältnis‹ gibt (Seyd 2013, 22 f.). Über Gefühle drückt der Körper unter anderem aus, wenn ein Mensch sich, etwa durch eine soziale Situation, verunsichert fühlt. Solche Verunsicherung kann mit Emotionskompetenz aufgelöst werden: Über einen bewussten Umgang mit Gefühlen können Widersprüche aufgedeckt und ein Umgang damit entwickelt werden (Seyd 2013, 26). Werden die Bewertungsprozesse, die hinter Gefühlen liegen, nicht aufgedeckt, kann dies zu einer einseitigen Informationsaufnahme führen und die Interpretationen von Fakten beeinflussen.«[14]

Viele Jugendliche sind einer Flut von Informationen und Bildern ausgesetzt, die sie noch stärker emotionalisieren, als sie es ohnehin schon sind. Sie sehen auf den sozialen Medien schlimmste Dinge, auf die sie zu Recht erschüttert reagieren. Es ist wichtig, dass ihnen ein reflektierter Raum geboten wird, in dem sie diese Gefühle äußern können. Denn wenn es keinen Raum gibt, kocht der metaphorische Topf über oder explodiert. Wir möchten den jungen Menschen respektvoll gegenübertreten und ihnen gleichzeitig unsere eigene Haltung nahebringen. Ihre Gefühle sind angesichts schrecklichen menschlichen Leids absolut nachvollziehbar. Das müssen wir zeigen, denn sonst suchen sie sich Verständnis und Platz für ihre Gefühlswelt anderswo, im Zweifel bei Tiktok-Prediger*innen, Hetzer*innen, Islamist*innen und Parteien am rechten Rand.

Wir bauen eine Beziehung und Vertrauen auf, damit wir in einem zweiten Schritt Orientierung geben können. Gleichzeitig behaupten wir nicht, im Besitz einer absoluten Wahrheit zu sein. Im Gegenteil schwingen unsere eigenen Zweifel und widersprüchlichen Gefühle oft in unseren Gesprächen und Denkprozessen mit.

Natürlich sind Schulen zwangsläufig hierarchische Räume, die von Machtgefällen geprägt sind und noch dazu von Vorurteilen und Vorbehalten der Lehrenden beeinflusst werden. Deshalb machen wir ganz zu Beginn unserer Trialoge deutlich, dass in unserem Gespräch jede*r das sagen kann, was er*sie möchte, und dafür nicht bewertet wird. Den Lehrenden sagen wir explizit, dass die nächsten anderthalb Stunden nur ihren Schüler*innen gehören und sie lediglich zuhören dürfen. Außerdem versuchen wir, das typische Schulklassen-Setting aufzubrechen, indem wir einen Stuhlkreis bilden oder das Gespräch in Aula oder Mensa verlegen, um uns auch örtlich von dem gewohnten Lernumfeld der Klasse abzusetzen.

In diesem Zusammenhang eröffnen wir den Trialog als »Braver Space«. Wir wissen, dass wir keinen »Safe Space« bieten können, denn was wir besprechen, ist kontrovers und schmerzhaft. Stattdessen laden wir die Schüler*innen dazu ein, mutig zu sein. Wir zeigen ihnen, dass wir selbstkritisch sind und einen multiperspektivischen Ansatz verfolgen, und wollen ihnen damit die Möglichkeit geben, auch kontroverse Meinungen und Haltungen mit uns zu teilen und zu diskutieren. Wir stellen ihnen aber auch frei, den Raum zu verlassen, um durchzuatmen oder frische Luft zu schnappen, wenn das im Laufe des Gesprächs nötig wird – schließlich sprechen wir über Krieg, Leid, Schmerz und Tod. Es sitzen nicht selten auch Schüler*innen mit Flucht- und Kriegserfahrungen in den Schulklassen, die wir nicht (re-)traumatisieren wollen.

Als Nächstes erzählen wir den Schüler*innen von unseren eigenen biografischen Bezügen. Jouanna spricht von ihren Kriegserfahrungen, Shai erzählt über seine enge Verbindung zu Israel.

Der Trialog-Teil der Begegnung beginnt mit drei sogenannten Aufwärmfragen:

1. Woran denkt ihr, wenn ihr die beiden Begriffe Israel und Palästina hört?
2. Wer hat biografische Bezüge zum Nahostkonflikt, ist also Palästinenser*in oder Israeli bzw. Jude*Jüdin oder hat Familie vor Ort?
3. Wer von euch fühlt sich auch ohne familiäre Bezüge vom Konflikt besonders betroffen?

Auf die dritte Frage hin melden sich oft viele Schüler*-innen. Anhand der Antworten auf diese Fragen können wir oftmals feststellen, wie informiert und/oder politisiert die Schüler*innen sind und ob es eine Polarisierung gibt.

Dann zeigen wir den Jugendlichen unsere Emotionskarten,[⁎] auf die verschiedene Gefühle gedruckt sind, und sprechen mit ihnen darüber, wie sie sich fühlen. Danach haben die Schüler*innen die Möglichkeit, uns Fragen zu stellen.

Das ist auch der Zeitpunkt – nachdem die Jugendlichen also bereits Gelegenheit hatten, uns ihre eigenen Perspektiven darzulegen –, an dem wir von sozialen Medien verzerrte Fakten geraderücken und über Grauzonen und Widersprüchlichkeiten sprechen können.

Dabei spielen natürlich unsere Identitäten eine wichtige Rolle. Unser Auftreten als Team, eine Frau und ein Mann, eine Palästinenserin und ein Jude, das allein hat oftmals eine beeindruckende Wirkung auf die Schüler*innen. So erleben wir meist, dass auch unseren Perspektiven mit Respekt begegnet wird, selbst wenn sie denen der Schüler*innen widersprechen. Es ergibt sich die Erkenntnis: Juden*Jüdinnen und Palästinenser*innen *müssen* sich nicht hassen, auch wenn das in den sozialen Medien suggeriert wird.

Gleichzeitig hoffen wir, den Lehrenden vermitteln zu können, dass nicht auf jede Gefühlsregung und Äußerung der Schüler*innen gleich eine Aktion folgen muss. Oftmals bedeutet es eine Erleichterung für die Jugendlichen, wenn sie sich einfach mal äußern können, ohne direkt dafür bewertet oder benotet zu werden.

In diesem Zusammenhang möchten wir auch zu einer Fehlertoleranz beitragen, die es sicherlich auch außer-

---

⁎ Die Karten basieren auf dem Emotionsmemory, das in unseren Bildungsmaterialien auf unserer Webseite zu finden ist.

halb der Schule braucht. Schüler*innen müssen dazu ermächtigt werden, sich zu äußern. Wir erleben aber oft – auch in der öffentlichen Debatte –, dass Menschen sich nicht trauen, sich zu Wort zu melden, weil sie Angst haben, etwas Falsches zu sagen, die falsche Terminologie zu verwenden. In einem Fall erhielt Jouanna eine Nachricht von einem Schüler, der ihr schrieb, er traue sich nicht, über Gaza zu sprechen, weil er Angst hätte, abgeschoben zu werden.

Wo aber, wenn nicht im Lernraum Schule, sollten Jugendliche Fehler machen und sich ausprobieren dürfen? Im Interesse ihres Weges zu mündigen und demokratischen Bürger*innen sollten wir deswegen eine neue Fehlerkultur entwickeln, die notwendig ist, um zunächst als Individuum und in der Folge auch als Gesellschaft zu wachsen. Im ersten Schritt müssen junge Menschen ermutigt werden, sich überhaupt am gesellschaftlichen Diskurs zu beteiligen; erst danach kann man sie auf Dinge aufmerksam machen, die vielleicht problematisch waren oder in einen Kontext gesetzt werden sollten. Dabei ist es ratsam, fragend vorzugehen, statt zu richten oder vorzuverurteilen. Denn an Fehlern kann man ja wachsen. So zeigen wir: Wir respektieren dich – respektiere du uns auch.

Unseren Trialogen liegen folgende drei Herangehensweisen zugrunde:

Multiperspektivität

Wir zeigen auf, dass es unterschiedliche Blickwinkel auf historische Ereignisse gibt. Aus unseren unterschiedlichen familiären Bezügen und Erfahrungen bilden sich verschiedene Perspektiven, die – zusammen betrachtet – ein ganz neues Bild ergeben. Es geht darum, das eigene Narrativ zu ergänzen und in der eigenen Meinungsbildung zu berücksichtigen, dass es mehrere Sichtweisen gibt. Gleichzeitig muss deutlich werden, dass Meinung keine Fakten ersetzt. Multiperspektivität bedeutet nicht, dass jede*r sich historische Tatsachen nach eigenem Geschmack zurechtbiegen darf, sondern erkennt lediglich an, dass Geschehnisse berechtigterweise unterschiedlich interpretiert werden. In Bezug auf den Nahostkonflikt führen dabei natürlich palästinensische, israelische, jüdische und muslimische Blickwinkel zu unterschiedlichen Narrativen, aber auch die deutsche Perspektive und der Blick auf die eigene Geschichte haben einen Einfluss auf die Wahrnehmung von Ereignissen.

Einmal waren wir in eine besonders engagierte Klasse geladen worden, in der es zu einem sehr emotionalen Gespräch kam. Es war eine sehr diverse Klasse, in der es aber keine direkt vom Krieg in Gaza oder dem Nahostkonflikt betroffenen Jugendlichen gab. Im Laufe unseres Trialogs berichteten die Schüler*innen davon, dass sie am 9. November an einem Gedenkprogramm hatten teilnehmen müssen, das zu einem Streit mit einer Lehrerin geführt hatte. Den Schüler*innen war nicht klar, worum es bei dieser Unterrichtseinheit ging – ihr Eindruck war, es handele sich um ein Gedenken »an Juden*Jüdinnen«, bei dem das Leid der Palästinenser*innen außen vor gelassen wurde. Sie waren stark emotionalisiert und hatten bis zu unserem Trialog keinerlei Raum gehabt, um über den Krieg in Gaza zu sprechen. Im Gegenteil hatte die Lehrerin den Schüler*innen bei der Konfrontation am 9. November sogar das Gefühl gegeben, dass sie nicht informiert genug seien, um sich überhaupt zu äußern. Diese Lehrerin saß im Trialog hinten im Klassenzimmer mit dabei und wurde immer unruhiger – bis wir schließlich verstanden, dass die Schüler*innen über sie sprachen, und sie einbezogen. Sie hatte große Schwierigkeiten gehabt, den Blickwinkel der Jugendlichen zu verstehen – aus ihrer Sicht beschwerten sie sich über das Gedenken an die Opfer der Reichspogromnacht. Obwohl es in der Klasse eine Mehrheit von Schüler*innen mit migrantischen Familienbezügen gab, war diese Realität in die Gestaltung des Gedenkens nicht mit einbezogen worden. Als die Schüler*innen protestierten, konnte die Lehrerin nicht damit umgehen. Im Rahmen des Trialogs gelang es uns jedoch, beide Perspektiven zu beleuchten und den Schüler*innen nahezubringen, warum ihre Lehrerin so betroffen reagiert hatte, während die Lehrerin sich dem Blickwinkel der Jugendlichen öffnete. Wir zeigten den Schüler*innen auf, welche Bedeutung das Gedenken für ihre Lehrerin hatte, und sprachen darüber, welche Gefühle die jeweiligen Reaktionen der Schüler*innen und der Lehrerin bedingt hatten. Am Ende fühlten die Schüler*innen sich gehört und bedankten sich überschwänglich bei den Initiator*innen, die uns an die Schule geladen hatten. Die Lehrerin war erleichtert. Sie hatte bereits versucht, einen Zugang zu ihren Schüler*innen zu finden, aber die Perspektiven, die wir mitbrachten, ermöglichten es den Schüler*innen ihrerseits, sich in ihre Lehrerin hineinzuversetzen.

Ambiguitätstoleranz

Wenn wir etwas multiperspektivisch betrachten, ergeben sich zwangsläufig Widersprüche. Mit Ambiguitätstoleranz meinen wir die Fähigkeit, solche Widersprüche zu erkennen und auszuhalten. In einer Diskussion geht es nicht darum, einen Konsens zu erzwingen, sondern dem*der anderen respektvoll zu begegnen und zuzuhören, statt sich gegenseitig niederzuschreien – nur so kann man sich neuen Argumenten und Perspektiven zumindest öffnen.

Gerade wenn es um kontroverse Themen geht, müssen wir die Fähigkeit entwickeln, widersprüchliche Gefühle hinzunehmen und zu akzeptieren, dass es nicht auf alles eine eindeutige Antwort gibt. Wir können uns selbst die Frage stellen, wie tolerant wir Widersprüchen gegenüber sind, und selbstkritisch damit umgehen, um daraus eine Haltung zu entwickeln.

Ein einfaches Beispiel ist die Gründung des Staates Israel. Die war für Jouannas Familie offensichtlich eine verheerende Katastrophe, die bis heute in ihr Familienleben hineinwirkt, weil sie zur Flucht und Vertreibung in den Libanon führte. Für Shais Familie aber bedeutete sie die

Schaffung eines Refugiums und war ein Grund zu großer Freude. Nicht Betroffene könnten nun das Bedürfnis haben, aus diesen beiden Perspektiven die »richtige« auszuwählen und den Widerspruch aufzuheben, indem sie etwa behaupten »es gibt keine Palästinenser*innen, weil es keinen Staat Palästina gab«. Oder sie wählen die andere Perspektive als »richtige« und folgern: »Juden*Jüdinnen müssen Palästina verlassen, weil sie Kolonialist*innen sind.« Sie akzeptieren den emotionalen Widerspruch nicht, der sich daraus ergibt, dass ein und dasselbe historische Ereignis unterschiedliche Auswirkungen auf unterschiedliche Menschen hat. Dabei kann und muss man diese Perspektiven stehen lassen und aushalten. Die Freude des einen kann das Leid des anderen sein.

Selbstreflexion

Bei der Selbstreflexion geht es darum, dass sich alle Beteiligten an einem Gespräch fragen: Durch welche Brille blicke ich auf ein bestimmtes Thema, und warum? Welche Gefühle habe ich, auf welchen Werten basieren sie und wie beeinflussen sie meine Sicht auf den Gesprächsgegenstand?

In Talkshows sitzen meistens Menschen, die Argumente aussenden, aber gleichzeitig kaum empfänglich für Gegenargumente sind. Die Medien fördern mit diesen Formaten eine Diskurskultur, in der es keinen Raum dafür gibt, Gesagtes zu überdenken, zu revidieren und neu zu formulieren. In solchen Debatten geht es darum, zu gewinnen. Wir möchten Jugendlichen hingegen vermitteln, dass es auch Spaß machen kann, zu streiten, dass es in einer Diskussion nicht ums Siegen gehen muss. Vielmehr sollte es darum gehen, zuzuhören, nachzufragen, interessiert zu sein, Neugierde zu wecken und Dinge, die gesagt worden sind, mit nach Hause zu nehmen und darüber nachzudenken.

Auch für die Lehrkräfte spielt die Selbstreflexion eine wichtige Rolle. Ihre eigenen Gefühle haben schließlich am Umgang mit den Schüler*innen einen wesentlichen Anteil. Wie emotional die Trialoge auch für Lehrende sind, zeigt sich immer wieder. In einem Fall stellte sich ein Lehrer nach dem Ende unseres Trialogs vor seine Klasse und entschuldigte sich bei seinen palästinensischen Schüler*innen. Es hatte an der Schule direkt nach dem 7. Oktober eine Gedenkveranstaltung und viel Solidarität mit Israel gegeben – berechtigt, besonders zumal genau zu diesem Zeitpunkt eine israelische Austauschklasse zu Besuch gewesen war. Allerdings waren die Gefühle der palästinensischen Schüler*innen, die aufgrund heftigen israelischen Bombardements bereits um Angehörige bangten, dabei völlig untergegangen. Mithilfe des Trialogs wurde dem Lehrer klar, was für einen Unterschied es gemacht hätte, wenn er die Schüler*innen einfach gefragt hätte: »Und wie geht es euch?«

Über Gefühle sprechen

Seit Mitte Oktober 2023 sind wir mit unseren Trialogen an Schulen mehr als 2200 Jugendlichen begegnet – und online noch viel mehr. Die jüngsten Schüler*innen waren Siebt- und Achtklässler*innen, die ältesten Berufsschüler*innen Mitte/Ende zwanzig oder älter. Wir besuchten Gymnasien ebenso wie Gesamt-, Real- und Integrierte Sekundarschulen und waren in fünf Bundesländern unterwegs. Palästinensische Schüler*innen sind öfter dabei als jüdische oder israelische. Klassen, in denen beide vertreten sind, sind selten. Trotzdem ist die Emotionalität in den Klassen oft hoch. Dabei versuchen wir immer, eine besondere Sensibilität für direkt betroffene Jugendliche zu bewirken.

Als ein aus Syrien geflüchtetes palästinensisches Mädchen über die israelische Besatzung sprach, fuhr ihr ein nicht betroffener Schüler über den Mund, schor alle Palästinenser*innen über einen Kamm, und es kam zu einer sehr hitzigen Diskussion. Das war ein Paradebeispiel dafür, wie wichtig es ist, erst mal zuzuhören und den Schmerz des anderen zu ertragen, bevor eine Grundsatzdebatte gestartet wird. Der Schüler machte seine Klassenkameradin für das Verhalten von Palästinenser*innen auf Demonstrationen verantwortlich, obwohl diese gerade mit viel persönlichem Schmerz über ihre Gefühle sprach.

Solche direkten Konfrontationen zwischen den Schüler*innen sind jedoch selten; meist bleibt es bei einem

Meinungsaustausch. Und es kommt zu einer Öffnung bei den Teilnehmenden, die oftmals eine Erleichterung spüren, wenn sie sich von der Seele reden können, was ihnen Angst bereitet, sie beschämt oder erschüttert. Eine jüdische Schülerin, die aus der Ukraine geflüchtet war, erzählte, wie sie ein zweites Mal das Gefühl der Sicherheit verloren hatte: Israel, das hätte doch ihr Anker sein sollen! Ein Teil ihrer Familie war aus der Ukraine nach Israel geflüchtet und musste jetzt ein weiteres Mal fliehen. In einem anderen Trialog wurde ein palästinensischer Schüler ganz still, als Shai nach seiner Familie fragte. Es stellte sich heraus, dass er Verwandte in Gaza hatte, die vor Kurzem im Krieg getötet worden waren. Er rannte weinend hinaus, und Shai, der diesen Trialog allein durchführte, weil Jouanna krank war, fühlte sich völlig überfordert. Zum Glück folgte eine Lehrerin dem Jungen, und Shai drückte der Schwester, die ebenfalls anwesend war, sein Mitgefühl aus. Sicher wäre es besser gewesen, wenn Jouanna dabei gewesen wäre, um die Situation ebenfalls mit aufzufangen. Jedenfalls zeigte sich deutlich: Auch Lehrkräfte müssen sich klarmachen, dass ihre Schüler*innen ganz direkt von diesem Krieg betroffen sein können.

Natürlich hat unser Format enge Grenzen. Uns stehen meist nur anderthalb Stunden zur Verfügung, in denen wir kein umfangreiches historisches Wissen vermitteln können. In welche Richtung der Trialog geht, worüber wir konkret reden, hängt von den Erfahrungen, Gedanken und Fragen der Schüler*innen ab. Im besten Fall aber gehen die Teilnehmenden mit neuen Fragen, Neugier und der Bereitschaft aus unserem Trialog, mehr zu erfahren, sich selbst weiter zu informieren und dabei auch Grautöne zuzulassen. Wir beginnen damit, eine Beziehung zu den Schüler*innen aufzubauen, die sich natürlich in dem kurzen Zeitraum nicht festigen kann.

Wenn es gar keine Gesprächsbereitschaft bei den Jugendlichen gibt, wenn die Meinungen bereits so verhärtet sind, dass keine Offenheit besteht, uns so zuzuhören, wie wir ihnen zuhören, dann kommen wir an dieser Stelle nicht weiter. Das passiert selten, aber manchmal werden Trialoge von lautstarken Minderheiten gesprengt, die keinen Austausch mit uns wollen. Jouanna wurde von deutschen Oberstufenschüler*innen »Verrat an der palästinensischen Sache« vorgeworfen, man sprach ihr ihre Identität als Palästinenserin ab. Shai musste sich anhören, dass seine israelischen Verwandten als Zionist*innen den Tod durch den Widerstand der Hamas verdient hätten. Aber auch bei diesen Einzelfällen bleibt zu berücksichtigen, dass es sich um Jugendliche handelt, die in ihrem Meinungs- und Haltungsbildungsprozess noch nicht am Ende angekommen sein müssen. Und der stille Mitschüler, der danebensitzt, mag aus der Begegnung etwas ganz anderes mitnehmen als die lautstarke Wortführerin.

Auch der Ansatz, zuerst über Gefühle zu sprechen, stößt nicht immer auf Verständnis. Bei einem Trialog konnte eine Lehrkraft nicht mehr an sich halten, sprang auf und fragte sichtlich erregt, warum wir nur über Gefühle, nicht aber über die vielen toten Kinder in Gaza sprechen würden. In diesem Fall war eine betroffene jüdische Schülerin anwesend, die vorher viel Raum eingenommen und unter Tränen von ihren Ängsten als Jüdin in Deutschland gesprochen hatte. Das Gespräch, das sich bei anderen Begegnungen oft auf Gaza konzentriert, ging also bei diesem Trialog tatsächlich in eine andere Richtung. Das Anliegen der Lehrkraft, das ja durchaus verständlich war, ging in ihrem emotionalen Ausbruch völlig unter und bewies uns eigentlich, wie wichtig es ist, die Gefühle zu thematisieren, um überhaupt zum Gespräch befähigt zu sein. Der Lehrkraft war es in diesem Moment aber nicht möglich, der Schülerin, die mit ihrer persönlichen Geschichte so viel Raum eingenommen hatte, Empathie entgegenzubringen.

Radikalisierung im Zeitraffer

Im Laufe unserer Trialog-Arbeit und mit Fortdauer des Krieges beobachten und erleben wir zunehmend eine einseitige Parteinahme durch die Schüler*innen. Sie sehen das Leid der Menschen in Gaza und wünschen sich berechtigterweise, dass das Sterben und die Not beendet wird. Gleichzeitig politisiert sich ihr Blick auf das Geschehen. Wenn wir über den 7. Oktober reden, wird immer öfter die Gewalt der Hamas als Widerstand gerechtfertigt oder ihr Ausmaß bezweifelt. Dieselben Schüler*innen, die viel Mitgefühl mit den palästinensischen Opfern zeigen, ignorieren das Schicksal der israelischen Geiseln oder argumentieren, dass sie gut behandelt werden. In einer Nachricht eines besorgten Elternteils wurde uns sogar von einer Grundschule berichtet, in der eine israelisch-deutsche Familie mehrfach mit »Mörder«-Rufen auf dem Schulhof angegangen wurde.

Besonders erschreckend sind die Reaktionen, die wir teilweise auf die Geschichte von Shais Familie im Holocaust erleben. Wir sehen lachende oder lächelnde Gesichter und abwertend tuschelnde Schüler*innen. Für Shai fühlt es sich jedes Mal wie ein Stich ins Herz an, der ihn aus dem Konzept bringt und verletzt. Das Verhalten dieser Jugendlichen ist eine Abwehrreaktion, die aus dem Unwillen oder Unvermögen entspringt, Juden*Jüdinnen als Opfer zu sehen.

Daran sehen wir, dass manche Schüler*innen einem

Narrativ ausgesetzt sind, das zu einer zunehmenden Radikalisierung und gewaltverherrlichenden Aussagen führt – und dies in einem wahnsinnig schnellen Prozess.

Wir sind davon überzeugt, dass es dringend größerer Ressourcen bedarf, um Präventions- sowie Deradikalisierungsarbeit zu leisten, und sehen hier die Politik unbedingt in der Pflicht, zu handeln.

Was unsere Trialoge erreichen können

Was wir aber erreichen wollen und können, ist dies: Wir können den Schüler*innen einen Raum geben, die Dinge, die sich aufgestaut haben, loszuwerden, und bei ihnen dann eine Bereitschaft wecken, unsere Positionen anzuhören. Wir erzählen ihnen von unseren unterschiedlichen Familiengeschichten und unseren persönlichen Beziehungen zu Israel und Palästina. Sie stellen uns Fragen zu unseren Erfahrungen und oftmals auch zu unseren Meinungen zu Politik, Besatzung und Krieg. Vermitteln möchten wir in erster Linie: Ein Dialog ist möglich. Er ist auch dann wichtig, wenn es aussichtslos erscheint – denn das Gefühl der Hoffnungslosigkeit und der eigenen emotionalen Desorientierung, das uns manchmal angesichts aktueller Entwicklungen überkommt, können und wollen wir vor den Jugendlichen nicht verstecken. Wir machen auf Initiativen und Menschen aufmerksam, die auch vor Ort weiter auf eine Zukunft in Frieden, Freiheit, Gleichheit und Sicherheit für alle hinarbeiten. Wir machen deutlich, dass unser Grundsatz die Menschlichkeit und die Anerkennung des Leids des anderen ist. Wir bringen das Schubladendenken durcheinander, schon dadurch, dass wir uns gegenseitig den Rücken stärken: Wenn Jouanna Fakten zum 7. Oktober geraderückt, statt das Shai zu überlassen, wenn Shai die Menschenrechtsverletzungen in der Westbank thematisiert, wenn wir unsere eigenen Communitys kritisieren. Wir zeigen auch eine Komplexität auf, die das Interesse weckt, mehr über den Konflikt, die Besatzung, jüdisches und palästinensisches Leben in Deutschland und deutsche Verstrickungen zu erfahren – denn so schmerzhaft die Beschäftigung damit aus unseren persönlichen Biografien heraus auch ist, spannend und politisch relevant ist sie allemal.

Gleichzeitig ist klar, dass wir keinen direkten Einfluss auf die Geschehnisse im Nahen Osten haben – wohl aber auf unser Zusammenleben in Deutschland. Hier möchten wir den Jugendlichen vermitteln, dass sie durchaus Handlungs- und Gestaltungsmöglichkeiten haben. In diesem Zusammenhang werden immer wieder auch Themen zur Sprache gebracht, die über den Nahostkonflikt, den Krieg und den deutschen Umgang damit hinausgehen. So beschäftigt viele Schüler*innen, was sie über rechtsextreme »Remigrationspläne« gehört haben, wie der Klimawandel Lebensräume gefährdet und was im Ukraine-Krieg passiert. An einer Berliner Schule wurde Jouanna von einem Mädchen gefragt, was sie machen würde, wenn sie antimuslimischen Rassimus im Alltag erlebt. »Ich zeige alles an«, antwortete Jouanna. »Ich nehme keine Angriffe mehr einfach hin.«

Oftmals sind es unsere Identitäten, die die Schüler bewegen. Ein Jugendlicher erwartete ein Streitgespräch und war überrascht, als er uns so harmonisch erlebte. Palästinensische Schülerinnen freuten sich, dass Shai ihre Existenz nicht leugnete. Ein aus Syrien geflüchteter Oberstufenschüler fühlte sich so inspiriert, dass er sagte, er wolle auch in den muslimisch-jüdischen Dialog gehen. »Ihr gebt mir Hoffnung«, sagte eine Schülerin in Neukölln.

Dabei sind es eigentlich die Kinder und Jugendlichen, die *uns* Hoffnung geben. Weil wir einer Offenheit und Gesprächsbereitschaft begegnen, die uns bestätigt: Ein respektvoller Dialog ist möglich. Wir erleben immer wieder junge Menschen, die einen wertvollen Beitrag zu gesellschaftlichen Debatten leisten können, wenn wir sie ermutigen und ihnen die richtigen Werkzeuge an die Hand geben.

Fragen an die Lesenden

1. Warum ist es wichtig, sowohl über Gefühle als auch über Fakten zu sprechen, insbesondere wenn es um komplexe und polarisierende Themen geht?
2. Was passiert, wenn man das Gefühl hat, über etwas nicht sprechen zu können?

4
Politische Bildung in der Schule für eine demokratische Gesellschaft

Die Schüler und Schülerinnen, denen wir im Rahmen unserer Arbeit begegnen, geben uns Hoffnung. Wir erleben aufgeweckte, interessierte Jugendliche, die mit offenen Augen in ihre Zukunft blicken, die neugierig sind und mitreden wollen. Ihnen fehlen jedoch oftmals Grundlagen politischer Bildung und tiefergehende Kenntnisse von unserem demokratischen System, die essenziell für ihre Teilhabe an unserer Gesellschaft sind. Was uns dabei wirklich Sorgen bereitet, ist das Schulsystem, dem sie ausgesetzt sind. Dass wir uns in Deutschland inmitten einer Bildungskrise befinden, die von maroden Schulgebäuden bis zu einem akuten Lehrkräftemangel reicht, dürfte hinlänglich bekannt sein. Laut Angaben des Deutschen Schulportals der Robert Bosch Stiftung werden in der nächsten Dekade Zehntausende Lehrkräfte fehlen. Obwohl eine steigende Zahl von Schüler*innen prognostiziert wird, ist die Zahl von Studienanfänger*innen für Lehramtsstudiengänge in den Jahren 2022 und 2021 weiter gesunken.[15] Angesichts fehlender Wertschätzung, vieler Einschränkungen für Eigenengagement und innovative Unterrichtsgestaltung sowie einer hohen Arbeitsbelastung ist es nicht verwunderlich, dass der Lehramtsberuf viel weniger attraktiv scheint, als er eigentlich sein müsste. Und selbst da, wo es Interessent*innen gibt, wird der Quereinstieg unnötig schwer gemacht.

Dass Schüler*innen ihrerseits keine große Lust haben, die Schulbank zu drücken, können wir oftmals nachvollziehen, wenn wir in alten, muffigen Schulgebäuden begrüßt werden, in denen sich dicke Staubflocken in den Ecken sammeln und es im Klassenzimmer nicht einmal genug Platz gibt, um einen Stuhlkreis zu bilden. Ein Lernort, an dem die Schüler*innen mehr Zeit verbringen als zu Hause, sollte so gestaltet sein, dass Kinder und Jugendliche sich dort physisch und psychisch wohlfühlen. Dazu gehört neben den baulichen Gegebenheiten auch, dass die Lernenden das Gefühl haben sollten, willkommen zu sein und nicht bloß ausgehalten zu werden. Was sagt es den Schüler*innen über ihre Stellung in einer Gesellschaft, in der Banken und Wirtschaftsunternehmen lichtdurchflutete, prunkvolle Bürohäuser beziehen, während Schüler*innen in Gebäude gesteckt werden, in denen noch nicht einmal die Toiletten richtig gereinigt werden – wenn sie überhaupt funktionsfähig sind?

Insgesamt haben wir es mit einem antiquierten Schulsystem zu tun, das es engagierten Lehrkräften schwer macht, moderne Lernelemente umzusetzen. Ja, viele Klassen sind mit Smartboards ausgestattet und haben einen Internetzugang – aber wir kommen auch an Schulen, in denen noch der Overheadprojektor hereingerollt wird. Selbst wenn beispielsweise in Berlin in den ersten Grundschuljahren keine Noten vergeben werden, wird doch ein immenser Druck auf die Kinder ausgeübt. Denn um einen der begehrten Plätze an einer guten weiterführenden Schule zu bekommen, sind absurde Notendurchschnitte notwendig, egal, ob von Gymnasien oder Integrierten Sekundarschulen (ISS) die Rede ist.

Wir wünschen uns, dass Kinder an unseren Schulen zu mündigen Bürger*innen erzogen werden, die befähigt sind, kritisch zu denken und überlegte Entscheidungen zu treffen. Doch was wir beobachten, ist vor allem eine Vorbereitung auf eine Leistungsgesellschaft, in die von klein an auch Vorurteile einfließen, die Lehrkräfte, manchmal unbewusst, gegen einige ihrer Schüler*innen hegen. Die Konsequenzen sind in vielen Studien belegt. So zeigte eine Untersuchung von Grundschullehrkräften, dass ihre Erwartungen im Fach Deutsch in Bezug auf Kinder mit türkischem Zuwanderungshintergrund, aus sozial schwachen Familien und auf Jungen negativ verzerrt waren.[16] Eine internationale Studie, in der auch deutsche Daten berücksichtigt wurden, kommt zu dem Schluss, dass Schüler*innen, die sich diskriminiert fühlen, weniger motiviert sind und schlechtere Leistungen erbringen.[17]

In Jouannas Bekanntenkreis berichten Jugendliche aus der arabischsprachigen Community immer wieder davon, dass ihnen nicht zugetraut wird, das Gymnasium erfolgreich zu absolvieren. Eine Lehrkraft legte den Schüler*innen wiederholt nahe, lieber gleich auf Abi und Studium zu verzichten.

Bei einem Elternabend, von dem uns berichtet wurde,

ließ eine Lehrerin vor der gesamten Elternschaft verlautbaren, dass »diejenigen, die ihr Geld nicht durch Arbeit verdienen«, für eine Klassenfahrt die entsprechenden Formulare für eine Bezuschussung bei ihr abholen könnten – auch Abwertungen aufgrund des sozioökonomischen Hintergrunds sind in Klassenzimmern immer wieder zu spüren.

Schüler*innen merken, dass sie ausgeschlossen und unerwünscht sind, wenn sich Lehrkräfte diskriminierender Sprache und diskriminierenden Verhaltens nicht bewusst sind – oder es gar absichtlich betreiben.

Doch selbst dort, wo Lehrer*innen sich nach Kräften bemühen, ein diskriminierungssensibles Umfeld zu schaffen, beobachten wir, was die ehemalige Schulleiterin und Bildungsaktivistin Margret Rasfeld als »Einstuhlung« beschreibt: Dass Kinder ab der ersten Klasse viele Stunden am Tag sitzend mit Blick auf die Rücken ihrer Mitschüler*innen verbringen, ohne dass auf ihre Bedürfnisse eingegangen wird.

Wenn Eltern sich schon fragen müssen, ob ihren Kindern in der Schule grundlegendes Wissen in Mathe, Deutsch und Englisch vermittelt wird, ist es durchaus verständlich, dass die Sorge um politische Bildung an deutschen Schulen oftmals zweitrangig bleibt. Wir allerdings sind der Meinung, dass die politische Bildung unserer Kinder und Jugendlichen eine unerlässliche Grundlage für unsere Demokratie ist. Das heißt nicht nur, dass ihnen unser politisches System, ihre Rechte und Pflichten als Bürger*innen und Wähler*innen, demokratische Werte und das Grundgesetz nahegebracht werden müssen. Darüber hinaus sollte ihnen ein möglichst breites Spektrum an Möglichkeiten aufgezeigt werden, wie sie unsere Gesellschaft mitgestalten können, wie sie sich über demokratische Prozesse schon in der Schule und in Freizeiteinrichtungen einbringen können. Eine Selbstermächtigung zur Teilhabe – so etwas muss nicht nur gelernt, sondern auch gelebt werden. Kinder und Jugendliche sollten wissen, welchen Wert soziales Engagement hat und was es bewegen kann. Nur dann werden sie auch als Erwachsene partizipatorisch aktiv sein. Dies bedeutet auch, dass die gesellschaftliche Zusammensetzung in den Schulen berücksichtigt werden muss. Wenn etwa im Geschichtsunterricht – der ebenfalls viel zu kurz kommt – nur das deutsche Wirtschaftswunder behandelt wird, die Geschichte der Gastarbeiter*innen, die daran einen erheblichen Anteil hatten, aber außen vor bleibt, so wird ein Teil der Schülerschaft mit ihren Historien ausgeschlossen.

Politische Bildung sollte die Grundlage für ein gewalt- und diskriminierungsfreies gesellschaftliches Zusammenleben sein. Tatsächlich steht es aber schlecht um die politische Bildung an deutschen Schulen. Laut einer Studie der Friedrich-Ebert-Stiftung hatten 2019 59 Prozent der befragten Gymnasiast*innen immerhin zwei Stunden Politikunterricht in der Woche, 21 Prozent sogar drei – bei Schüler*innen an nicht gymnasialen Schulformen hatten hingegen nur 33 Prozent zwei Stunden, 44 Prozent jedoch nur eine Wochenstunde im Fach Politik.[18] Dabei konzentrierte sich der Unterricht auf Demokratie und demokratische Werte. Themen wie

»Muslimfeindlichkeit, Antisemitismus sowie Ökologie und Nachhaltigkeit«[19] fanden weniger Aufmerksamkeit. Im »5. Ranking Politische Bildung« stellten Forscher der Universität Bielefeld fest, dass es in sechs Bundesländern in der gymnasialen Oberstufe überhaupt keinen verpflichtenden Politikunterricht mehr gibt, und kamen zu dem Schluss, dass zu viele Bundesländer ihrem Auftrag, »das Recht auf politische Bildung für alle jungen Bürgerinnen und Bürger zu verwirklichen«, nicht gerecht werden.[20]

Die Dringlichkeit guter politischer Bildung ergibt sich aus erschreckenden Umfrageergebnissen. So befanden 2023 zwar 77 Prozent der zwölf- bis achtzehnjährigen Befragten, die ein Abitur anstrebten, dass die Demokratie eine gute Regierungsform sei, unter den nicht gymnasialen Schüler*innen waren es aber nur noch 55 Prozent.[21] In der im April 2024 veröffentlichten Studie *Jugend in Deutschland* gaben 22 Prozent der Vierzehn- bis Neunundzwanzigjährigen an, die AfD wählen zu wollen – mehr als jede andere Partei.[22] Bei der Europawahl im Juni 2024 zeigte sich dann ein kaum anderes Bild: Hier waren CDU/CSU unter den Sechzehn- bis Vierundzwanzigjährigen zwar mit 17 Prozent die stärkste Kraft, wurden aber dicht von der AFD mit 16 Prozent gefolgt – ein Plus von 11 Prozent im Vergleich zu den Wahlen von 2019.[23]

Was wünschen wir uns also für die Schulen und insbesondere für die Schüler und Schülerinnen? Wir wünschen uns Verhältnisse, in denen Kindern und Jugendlichen Raum und Zeit gegeben wird, in sich hineinzuhorchen, die eigenen Gefühle und Bedürfnisse wahrzunehmen. Wir wünschen uns, dass alte Strukturen aufgebrochen und neue Lernmethoden eingeführt werden. Wir sehen immer wieder, wie sehr aktuelle Themen die Schüler*innen bewegen. Kriege, Globalisierung, Klimawandel, das sind Probleme, die die Gegenwart und Zukunft junger Menschen zu einem hohen Grad prägen – da ist es verständlich und berechtigt, dass sie nicht nur die Französische Revolution und den Ersten Weltkrieg behandeln wollen, sondern auch diese akuten Fragen unserer Zeit.

Unser Bildungssystem ist so starr, dass es nicht in der Lage ist, den Unterrichtsbeginn von acht Uhr (oder gar noch früher) auf neun Uhr zu verlegen, obwohl längst erwiesen ist, wie unzuträglich die frühen Unterrichtsstunden dem Lernen von Jugendlichen sind. Wir wünschen uns Lehrer*innen, denen Zeit für Fortbildungen und Unterrichtsvorbereitung eingeräumt wird. Wir wünschen uns, dass Politik und Sozialkunde nicht (nur) von fachfremden Lehrkräften unterrichtet werden, die sich die »Kniffbox Politik« der Bundeszentrale für politische Bildung bestellen müssen, um überhaupt eine Grundlage für den Unterricht zu haben. Was keineswegs heißen soll, dass solche Handreichungen nicht wichtig und richtig sind – sie zeigen nur auch, wie sehr Lehrkräfte fehlen, die von Grund auf gelernt haben, wie man didaktisch politische Bildung vermittelt.

Dabei gibt es ja engagierte Lehrer*innen, die versuchen, sich innerhalb des Systems Freiräume zu schaffen, um projektbasiert zu arbeiten und die starren Strukturen aufzubrechen. Da ist zum Beispiel das »Frei Day«-Format der Initiative »Schule im Aufbruch«, das mindestens vier wöchentliche Unterrichtsstunden am Stück etabliert, in denen die Schüler*innen an bisher gut hundert Schulen frei an Zukunftsfragen, eigenen Projekten und aktuellen gesellschaftlichen und ökologischen Herausforderungen arbeiten. Im Netzwerk »Zukunftsschulen NRW« werden Lehrkräfte, die sich proaktiv für Veränderungen einsetzen, gefördert und unterstützt. Der Deutsche Schulpreis, der von der Robert Bosch Stiftung ausgelobt wird, kürt nicht nur die besten Schulen, sondern bietet mit dem Deutschen Schulportal auch Fortbildungs- und Vernetzungsangebote.

Es gibt also begrüßenswerte Initiativen, aber um viel mehr zu erreichen, bräuchte es nicht weniger als eine Neuprogrammierung des Betriebssystems Schule.

Wir wünschen uns Schulen, an denen die Diversität in den Klassen mitgedacht und in den Unterricht mit einbezogen wird.

Wir wünschen uns Schulen, an denen kritisches Denken und Selbstreflexion vermittelt werden – in jedem Fach.

Wir wünschen uns, dass Schüler*innen auf Augenhöhe begegnet wird. So oft erleben wir, wie ruhig und aufnahmebereit die Jugendlichen sind, wenn wir uns auf ein Gespräch mit ihnen einlassen. Wir erfahren viel Dankbarkeit dafür, dass wir ihnen zuhören. Dabei ist uns natürlich bewusst, dass unsere Rolle als externe politische Bildner*innen nicht mit der der Lehrkräfte zu vergleichen ist, die selbst unter enormem Druck stehen.

Um Schule nach unseren Vorstellungen zu realisieren,

braucht es erhöhte Bildungsetats und politischen Willen, auf Länder- wie auf Bundesebene. Ein Sondervermögen Bildung müsste verabschiedet werden, um den Bildungssektor ganz neu zu gestalten. Da Bildung Ländersache ist, hat die Kultusministerkonferenz (Kmk) einen erheblichen Einfluss auf die Weichen, die im Bereich Bildung gestellt werden. In diesem Gremium mangelt es jedoch an Progressivität und Mut, das System aus seinem Korsett zu befreien. Vielleicht geben die aktuellen Bemühungen, die Kmk umzustrukturieren, jedoch Anlass für ein wenig Optimismus.

Darüber hinaus ist die Lehrer*innenausbildung eine wesentliche Stellschraube für das, was an den Schulen passiert. Wir plädieren für eine pädagogische Ausbildung, in der Demokratiebildung, rassismus- und antisemtismuskritische Ansätze für alle Studierenden nicht nur im Rahmen freiwilliger Fortbildungen angeboten werden, sondern verpflichtend sind. Damit diese Werte im Unterricht nicht nur in bestimmte Lerneinheiten einfließen, sondern in allen Fächern berücksichtigt werden.

Tatsächlich haben wir für unsere Arbeit als politische Bildner*innen schon viel Wertschätzung und Aufmerksamkeit erhalten, auch von höchsten politischen Stellen. Doch sosehr es uns schmeichelt, geehrt zu werden und auf Bühnen zu stehen – am Ende bleibt die Frage, ob der politische Wille für mehr reicht als für Bilder mit Aktivist*innen und eng begrenzte Fördergelder. Denn wir sind eigentlich nur ein Instrument, das Pflaster auf Symptome klebt. Um das System zu reformieren, müssten Gesetze geändert und echte, langfristige Investitionen getätigt werden, müssten politische Entscheidungen getroffen werden, die zukunftsgerichtet viel weiter denken als bis zur nächsten Legislaturperiode. Die politische Prioritätensetzung sieht nicht danach aus.

Politische Bildungsarbeit zum Nahostkonflikt

Die Zeit für politische Bildung an Schulen ist knapp bemessen. Wieso plädieren wir dann dafür, dass in dieser begrenzten Zeit auch noch Raum für den Nahostkonflikt und für das deutsche Verhältnis zu Israel und Palästina gefunden wird?

Die Antwort ergibt sich aus zwei Faktoren: der deutschen Geschichte und dem hohen Anteil von Schüler*-innen, die angesichts der Geschehnisse im Nahen Osten Betroffenheit empfinden.

Die historische Verantwortung Deutschlands für Juden und Jüdinnen in aller Welt und somit auch für den Staat Israel, der sich als jüdisch definiert, ergab sich aus dem Willen und Wunsch der jungen Bundesrepublik, nach dem Völkermord an den europäischen Juden*Jüdinnen durch das nationalsozialistische Deutschland einen neuen Staat zu errichten, der von der Welt als geläutert wahrgenommen wurde. Was in den 50iger-Jahren begann, um der BRD einen Platz am Tisch der Zivilisation zurückzugeben, hat sich längst zu engen Beziehungen zwischen Israel und Deutschland weiterentwickelt, sowohl auf staatlicher Ebene als auch im zivilgesellschaftlichen Bereich. Bezeichnet eine deutsche Kanzlerin die historische Verantwortung Deutschlands als »Teil der deutschen Staatsräson« und nennt sie Israels Sicherheit »niemals verhandelbar«, wie Angela Merkel es 2008 in der Knesset, dem israelischen Parlament, tat, dann ist es durchaus angebracht, jungen Menschen eine Ahnung davon zu vermitteln, was sie damit meint und wie es zu diesem besonderen Status gekommen ist.

Tatsächlich aber wird in der Schule der Holocaust behandelt, jedoch nur selten das, was danach kam. Der Exodus europäischer Holocaust-Überlebender nach Israel und in die USA, Flucht und Vertreibung der Palästinenser*innen, die Gründung Israels und die Kriege in Nahost kommen so selten vor wie die späteren Verbindungen zwischen deutschen und palästinensischen Terrorgruppen, die Besatzung der palästinensischen Gebiete durch Israel, das Attentat bei den Olympischen Spielen in München und die verschiedenen gescheiterten Friedensinitiativen.

Dadurch entsteht bei Schüler*innen wie der jungen Jouanna, die sich fragte: »Was bedeutet das alles eigentlich für die Palästinenser*innen?«, das Gefühl, dass dieser Teil der Geschichte unbedeutend sei.

Das gilt aber keineswegs nur für Palästinenser*innen, sondern eigentlich für alle nicht thematisierten Kriegs-, Flucht- und Diskriminierungserfahrungen, die in der deutschen Erinnerungskultur keinen Platz haben, obwohl sie für so viele Menschen in der postmigrantischen Gesellschaft eine große Rolle spielen. Darüber hinaus gibt es Ereignisse in der jüngsten Vergangenheit – von den rassistischen Ausschreitungen in den 90er-Jahren bis zu den Anschlägen von Hanau und Halle und den Taten des NSU –, die für viele Menschen prägend in ihrem Verhältnis zu Deutschland sind, weil sie zeigen, dass der Hass auf vermeintlich Fremde mitnichten ein überwundenes historisches Phänomen ist. Wenn solche Ereignisse nicht thematisiert werden, kann ein Gedenktag für Geschehnisse aus der Zeit der Ur- oder gar Ururgroßeltern fast zynisch wirken. Dabei würde gerade eine Einbeziehung solcher Ereignisse, Erfahrungen und Familiengeschichten dabei helfen, sowohl universalistische Schlüsse aus der deutschen Geschichte (deren koloniale Verstrickungen übrigens auch beleuchtet werden sollten) zu ziehen, als auch *gleichzeitig* die Singularität und das fürchterliche Ausmaß der Shoa herauszuarbeiten.

Die Notwendigkeit, den Nahostkonflikt an Schulen zu thematisieren, zeigt sich auch darin, wie viele Jugendliche sich von ihm betroffen fühlen. Einmal sind das palästinensische Schüler*innen, von denen es zumindest in urbanen Ballungszentren in Westdeutschland und Berlin nicht wenige gibt, sowie auch jüdische Schüler*innen. Doch wenn wir in den Schulklassen nachfragen, wer sich, auch ohne Verwandtschaft vor Ort, betroffen fühlt, melden sich immer auch weitere Jugendliche, insbesondere muslimische und arabische. Hier spielt auch die religiöse Dimension des Konflikts eine Rolle, die zu einer Identifizierung und Solidarität mit den Palästinenser*innen führt. Aber es geht darüber hinaus, und es sind auch nicht nur muslimische und arabische Schüler*innen, die eine höhere Betroffenheit von der Gewalt in Israel und Palästina empfinden als von Kriegen in anderen Teilen der Welt, die medial weniger präsent sind. Wenn sich also durch dieses Betroffenheitsgefühl jede Eskalation in Nahost fast zeitgleich in Wut und Verzweiflung auf deutschen Schulhöfen niederschlägt, kann die Antwort doch nicht sein, dieses Phänomen einfach zu ignorieren!

Die Schwierigkeit, den Nahostkonflikt zu thematisieren, ergibt sich oftmals aus der unterschiedlichen Sozialisation von Schüler*innen und Lehrer*innen. Um es ganz simpel auszudrücken: Die erste Assoziation der Lehrerin, wenn sie das Wort »Juden« hört, ist die Verfolgung durch die Nationalsozialisten, ihr Schüler aber denkt an israelische Soldaten, die er auf Al Jazeera gesehen hat. Beide Perspektiven sind natürlich eine stereotypische Reduktion, die Juden*Jüdinnen pauschalisiert, statt sie als individuelle Menschen wahrzunehmen. Trotzdem muss dieser andere Blick von den Lehrenden verstanden werden. Jouanna wurde als Jugendliche abgekanzelt, weil sie das Leid der Palästinenser*innen thematisieren wollte. Da schwingt die Angst der Lehrkräfte mit, dass eine Anerkennung dieses Leides zu einer Relativierung jüdischen Leides führen könnte. Dabei ist Empathie kein Nullsummenspiel – im Gegenteil, gerade durch die Öffnung für das Leid des anderen können wir Empathie für unsere eigene Position und damit Dialogbrücken zu Mitleidenden schaffen. Wir dürfen nicht vor Komplexität zurückschrecken aus Angst, dass Schüler*innen dadurch die falschen Schlüsse ziehen könnten. Dafür muss die Lehrkraft allerdings auch sich selbst reflektieren und sich damit auseinandersetzen, wie schwierig es für sie selbst ist, die Ambiguität auszuhalten: Der Staat Israel ist für Juden*Jüdinnen wichtig und für viele eine Erlösung nach Jahrhunderten der Vertreibung und Diskriminierung; gleichzeitig war und ist die Nakba eine Katastrophe für die Palästinenser*innen.

Wir begegnen oft Lehrer*innen, bei denen wir eine echte innere Zerrissenheit spüren. Sie sind aufgewachsen mit dem Gefühl, Juden*Jüdinnen uneingeschränkte Solidarität entgegenbringen zu wollen, und damit auch Israel. So sind sie ihren Schüler*innen gegenübergetreten. Aber die israelische Kriegsführung in Gaza bringt sie an ihre Grenzen. Sie verstehen nicht, dass sie *gleichzeitig* das Vorgehen der Armee verurteilen, palästinensischen Menschen Empathie entgegenbringen *und* sich für den Schutz von Juden und Jüdinnen in Israel und der ganzen Welt einsetzen können.

Hilfreich ist dabei der Ansatz des israelischen Aktivisten Mushon Zer-Aviv, einem Designer und Mitglied der palästinensisch-jüdischen Initiative »A Land for All«, der statt »Ja/Nein«-Dichotomien und »Ja, aber«-Reaktionen für »Ja, und«-Antworten plädiert, um mit Komplexität und Widersprüchlichkeiten umzugehen. Er schreibt: »JA, der Hamas-Überfall gegen Zivilisten in Israel ist ein unvertretbares Verbrechen gegen die Menschlichkeit UND nichts kann die wahllose Bombardierung von Zivilist*innen in Gaza rechtfertigen. JA, Palästinenser*innen werden die Traumata dieses Krieges für immer mit sich tragen, UND Israelis werden die Traumata dieses Krieges immer mit sich tragen.«[24] Und so weiter.

Nur wenn die Lehrkraft sich selbst über Widersprüche und Mehrdeutigkeiten im Klaren ist, kann sie anfangen, diese auch an ihre Schüler*innen zu vermitteln. Dabei kommt erschwerend (und »erschwerend« mag in diesem Kontext eine Untertreibung sein) hinzu, dass das Klassenzimmer kein Vakuum ist, sondern Teil einer Gesellschaft, in der eine vergiftete Debatte geführt wird. Wenn eine Lehrkraft Überforderung fürchtet oder gar Streit im Lehrerzimmer, wird sie es sich zweimal überlegen, ein kontroverses Thema überhaupt anzugehen. In der Schule ihrer Kinder, so berichtete es uns eine Teilnehmerin bei einer unserer Veranstaltungen für Erwachsene, habe die Schulleitung kategorisch verboten, dass der Nahostkonflikt im Unterricht thematisiert wird. Stattdessen sei einer jüdischen Schülerin nahegelegt worden, die Schule zu wechseln.

Viel zu oft werden die »kleinen« Vergehen der Schüler*innen, wenn sie etwa Bezeichnungen wie »Jude«, »Spast« oder »schwul« als Beleidigungen benutzen, von Lehrkräften einfach ignoriert, obwohl genau hier angesetzt werden müsste, um Menschenfeindlichkeit im Keim zu ersticken.

Der schwierigen gesellschaftlichen Debatte, die zu solchen Umständen beiträgt, widmen wir uns in Kapitel 5 näher.

Unser Endgegner: Soziale Medien

Wir sind davon überzeugt, dass Initiativen wie die unsere eine wichtige Aufgabe an Schulen erfüllen können, auch weil wir als Betroffene mit unseren persönlichen Geschichten einen ganz anderen Effekt auf die Schüler*innen haben als Lehrkräfte. Doch alle Präventions-, Bildungs- und Aufklärungsarbeit ist angesichts der Macht sozialer Medien kaum mehr als ein Feuerlöscher. Jugendliche werden auf sozialen Medien und insbesondere der Kurz-Videoplattform TikTok mit Bildern überschwemmt, die in ihrer Brutalität kaum zu überbieten und der mentalen Gesundheit der jungen Konsument*innen bestimmt nicht zuträglich sind. Gleichzeitig werden sie mit Darstellungen konfrontiert, die von Verkürzungen, einseitigen Berichten und Desinformation bis hin zu Fake News, Deep Fakes, Verschwörungserzählungen und gezielten Radikalisierungsmechanismen reichen. Und das jeden Tag, in einem unendlichen Strom, gespeist von einem Algorithmus, der systematisch immer mehr von dem auftischt, was die Vorbehalte der Zuschauenden weiter bestätigt. In einer aktuellen qualitativen Studie der Bildungsstätte Anne Frank, in der die Darstellung der Geschehnisse in Israel und Palästina in den ersten drei Monaten nach dem 7. Oktober 2023 auf TikTok analysiert wird, heißt es, dass die Rolle des Mediums »bei der Verbreitung von Terrorpropaganda, Falschinformationen, Israelhass, Antisemitismus und Verschwörungsnarrativen«[25] immer noch unterschätzt werde. Dabei seien Verschwörungstheorien von der Allmacht von Juden und Jüdinnen, Holocaust-Leugnungen oder -Relativierungen ebenso virulent wie die Dämonisierung Israels. Gleichzeitig weisen die Autorinnen der Studie darauf hin, dass es ebenfalls zu einer rassistischen, antimuslimischen Radikalisierung komme. Denn »rechtspopulistische und rechtsradikale Gruppierungen nutzen die Gräuel der Hamas, um pauschal Muslim*innen und People of Color zu denunzieren«[26].

Es reicht deshalb nicht, politische Bildung als schulische Aufgabe zu denken, die mit ein paar Unterrichtsstunden abgedeckt werden kann. Politische Bildner*innen müssen dorthin gehen, wo Jugendliche ihre Lebensräume und Lebensrealitäten wiederfinden – und das ist eben in einem hohen Maße in den sozialen Medien. Dazu gehört auch eine früh verankerte Medienbildung in den Schulen. Und es genügt nicht, mit den Kindern über Cybermobbing oder die Etikette für den Klassenchat zu sprechen – sie müssen sich der Macht des Algorithmus und der subtilen Einflussnahme durch Influencer*innen bewusst sein, um diesem Phänomen etwas entgegensetzen zu können.

Auch die Politik ist gefragt. Wenn Politiker*innen sich nur in Talkshows im Abendprogramm der öffentlich-rechtlichen Fernsehsender erklären, dürfte klar sein, dass ihnen dabei kein Jugendlicher zuhört. Die sozialen Medien aber haben das Potenzial, junge Menschen zu erreichen. Das scheint jedoch bisher hauptsächlich die AfD realisiert zu haben, die versteht, dass man junge Wähler*innen einfängt, indem man ihnen simple Antworten auf komplexe Fragen gibt. Wenn sechs der zehn erfolgreichsten TikTok-Konten deutscher Politiker*innen zur AfD gehören,[27] sollten sich die anderen Parteien dringend Gedanken darüber machen und schnell eigene Antworten darauf entwickeln.

Wir rufen Lehrer*innen dazu auf, sich selbst mit den Plattformen vertraut zu machen. Sprecht mit euren Schüler*innen darüber, was sie konsumieren; versucht, die Mechanismen zu verstehen, widmet euch diesem Thema in Projekttagen! Denn viele Schüler*innen wünschen sich ja eine Einordnung und Orientierung. Viele sind sich durchaus der Tatsache bewusst, dass sie nicht allem trauen können, was ihnen im Netz begegnet. Sie kommen zu uns und fragen uns, was wahr ist an dem, was sie gesehen haben. Doch wenn bestimmte Dinge schon zu oft wiederholt wurden, wenn sie gewisse Narrative wieder und wieder gehört haben, dann kommen wir nur noch schwer dagegen an. Und um eine Orientierung leisten zu können, braucht es Hintergrundwissen und Selbstreflexion, um mit Fakten zur Einordnung beizutragen, statt ein eigenes, möglicherweise ebenfalls von Verkürzungen und Vorurteilen geprägtes Narrativ zu verbreiten.

So viele Mängel wir auch in den Schulen sehen, an die wir kommen, so wollen wir doch auch eine Lanze für die engagierten Lehrkräfte brechen, die uns einladen. Wir begegnen Lehrer*innen, die mit großen Anstrengungen alle Hebel in Bewegung setzen, um ihre Schüler*innen bestmöglich auszubilden und zu kritischen, überlegten

Bürger*innen zu machen. Oft zeigt sich, dass gerade die Lehrer*innen, die wertschätzend und respektvoll mit den Jugendlichen umgehen, ihrerseits Respekt und Anerkennung dafür erfahren. Uns kontaktieren Lehrkräfte, die auch am Wochenende arbeiten, die sich in ihrer Freizeit weiterbilden und viele, viele Stunden aufwenden, um ihren Schüler*innen gerecht zu werden. Doch oftmals sind sie auf sich allein gestellt und werden im Kollegium sogar belächelt. Sie kämpfen gegen Windmühlen. Wir sehen die Politik in der Pflicht, diese Windmühlen abzubauen und den Lehrberuf wieder aufzuwerten.

Fragen an die Lesenden

1. Wie gut fühlst du dich darauf vorbereitet, die komplexen und oft emotional aufgeladenen Debatten über den Nahostkonflikt in den Medien und sozialen Netzwerken zu verstehen und kritisch zu hinterfragen? Warum?
2. Wie wurdest du als Jugendliche*r politisch geprägt? Welche Rolle spielte die Schule dabei?

5
Unsere Trialoge für Erwachsene

Als wir im Oktober 2023 begannen, unsere Trialoge für Schulen zu bewerben, füllte sich unser Postfach in rasendem Tempo mit Anfragen. Von Anfang an waren es jedoch nicht nur Schulklassen, in die wir eingeladen wurden, es meldeten sich sofort auch Institutionen, die einen Trialog mit Erwachsenen durchführen wollten. Insbesondere bei Lehrkräften zeigte sich ein riesiger Bedarf, mit uns zu sprechen. Auch sie waren hochemotionalisiert, auch sie hatten großes Interesse an einem multiperspektivischen Ansatz, der ihnen helfen würde, mit ihren Schüler*innen ins Gespräch zu kommen. Die aus diesem Bedarf resultierenden Workshops, die wir ganz zu Beginn, noch vor den ersten Trialogen an Schulen, gegeben haben, waren Fortbildungen, in denen wir unsere Bildungsmaterialen vorstellten und erklärten, wie wir Gefühle besprechbar machen. Inzwischen gibt unser pädagogisches Team regelmäßig solche Workshops für diese und andere Zielgruppen.[⁎]

⁎ Informationen zu unseren Fortbildungs- und Beratungsangeboten finden Sie auf unserer Webseite unter https://www.israelpalaestinavideos.org/training.

Dass es jedoch darüber hinaus einen immensen Bedarf an Trialogen, also dem gemeinsamen Sprechen über die Geschehnisse in Israel/Palästina, auch bei Erwachsenen gab und gibt, wurde schnell deutlich. Es ging und geht nicht nur darum, Pädagog*innen zum Gespräch mit Jugendlichen zu befähigen, sondern auch darum, Erwachsenen selbst zu helfen, ihre Gefühle bezüglich des 7. Oktobers und des Krieges in Gaza zu ordnen und einen Austausch darüber zu ermöglichen.

Im Gegensatz zu Jugendlichen müssen wir Erwachsenen kaum Zeit geben, um sich zu öffnen – die Fragen und Emotionen stürzen oft aus ihnen heraus, sobald wir uns mit unseren Biografien vorgestellt haben. Wir merken dabei, wie verunsichert auch viele Erwachsene sind. Sie wissen nicht, wie sie sich positionieren sollen. Viele wollen allen Seiten gerecht werden, wissen jedoch nicht, wie das gehen soll, weil der Diskurs so polarisiert ist. Gerade Pädagog*innen müssen aber eine Haltung entwickeln, denn sie werden von ihren Schüler*innen explizit dazu befragt, werden um Orientierung gebeten. Wir ermutigen sie dazu, das Leid der Palästinenser*innen und das Leid der Israelis zu sehen und beides zu benennen.

Mit Erwachsenen befinden wir uns auf einer ganz anderen intellektuellen Flughöhe als mit Jugendlichen. Die Erwachsenen kommen mit Vorwissen und ihren eigenen Erfahrungen in das Gespräch, viele haben sich bereits mehr oder weniger intensiv mit den Entwicklungen vor Ort beschäftigt. Oft haben sie eine andere Erwartungshaltung und Bereitschaft als Jugendliche – schließlich kommen Erwachsene freiwillig zu uns, während die

Schüler*innen von ihren Lehrkräften dazu gebracht werden.

Oftmals entsteht ein Trialog mit Erwachsenen aus dem Wunsch heraus, ein offenes Gespräch über Israel/Palästina zu führen, in dem Unsicherheiten, Ängste und Sorgen diskutiert werden können. Manchmal werden wir aber auch gerufen, weil es wirklich brennt. Weil Kolleg*innen nicht mehr miteinander arbeiten können, weil Freundschaften zerbrechen. Doch auch in solchen Fällen haben wir die Erfahrung gemacht, dass direkte, moderierte Gespräche helfen können. In einem extremen Fall war die Situation zwischen zwei Kollegen, jüdisch und muslimisch, so eskaliert, dass die Zusammenarbeit nicht mehr möglich schien, obwohl eine jahrelange Freundschaft zwischen den beiden existiert hatte. Es war eine hochemotionale Situation, in der Menschen sehr verletzt wurden. Diese Art von Entzweiungen hat viel mit einem Vertrauensverlust zu tun. Die Streitenden können nicht begreifen, wie jemand, den sie so gut zu kennen glaubten, Dinge so anders sehen kann als sie selbst. Doch als wir genau diese Gefühle ansprachen, als wir Raum gaben, über Emotionen und ihre Auslöser zu reden, statt sich an Perspektiven und Interpretationen von historischen und aktuellen Ereignissen aufzureiben, gelang eine Annäherung. Erst nachdem diese Art von emotionalen Verstrickungen besprochen und vielleicht ein Stück weit aufgelöst worden sind, kann dann auch wieder inhaltlich über die Themen gesprochen werden, aufgrund derer man sich entzweit hat.

Natürlich gibt es auch Teilnehmende, die uns kritisch

oder ablehnend gegenüberstehen. Das können Erwachsene genauer und schärfer artikulieren als Jugendliche. Manchmal suchen sich Menschen unsere Veranstaltungen gezielt aus, um zu stören und deutlich zu machen, dass sie mit unserem Ansatz, Verständnis zu zeigen und multiple Perspektiven zuzulassen, nicht einverstanden sind. Manchen Betroffenen ist es wichtig zu betonen, dass wir sie nicht repräsentieren. Das ist richtig: Auch wenn wir als Palästinenserin und Jude als Vertreter*innen unserer Communitys wahrgenommen werden, können wir nur für uns selbst sprechen. Allerdings muss uns eben das zugestanden werden: Wir dürfen unsere Perspektive haben und nach außen hin vertreten. Einmal wurde Jouanna nach einer Veranstaltung von einer Palästinenserin angesprochen, die ihr vorwarf, »Normalisierung«[*] zu betreiben. Ihrer Meinung nach differenzierten wir nicht genug zwischen Juden*Jüdinnen und Israelis – Letzteren sei keinerlei Legitimation zuzusprechen. In ihren Augen war ihre Perspektive die einzig richtige, die »echt palästinensische«. Doch als Jouanna wiederholt darauf hinwies, dass auch sie, Jouanna, ein Recht auf eine eigene Sichtweise habe, und erklärte, warum sie Dialog und Miteinander als einzigen Lösungsweg sieht, ohne gleichzeitig die Perspektive der Frau zu bewerten, legten sich die Wut und Aggressivität schließlich. Zum Abschied wünschte sie uns alles Gute und schüttelte uns die Hand.

* Als unerwünschte »Normalisierung« werden von palästinensischen Aktivist*innen Initiativen und Handlungen bezeichnet, die Palästinenser*-innen und Israelis zusammenbringen und den Staat Israel dadurch legitimieren.

Zugegeben, bei Betroffenen legen wir sehr viel mehr Toleranz und Verständnis an den Tag als bei Nichtbetroffenen. Wir müssen uns bewusst sein, dass Menschen mit Angehörigen in Israel, Palästina und dem Libanon ganz anders involviert sind als Menschen ohne solche Verbindungen. Wir können nicht wissen, was sie erlebt, wie ihre Familiengeschichten sie geprägt haben. Wenn es schon Unbeteiligten schwerfällt, verschiedene Perspektiven zuzulassen, ist dies für Betroffene ungleich schmerzhafter und oftmals mit einem langen Prozess der Selbstreflexion verbunden. Das bezeugen unsere eigenen Geschichten. Manchmal bieten wir Betroffenen nicht mehr als ein offenes Ohr. In manchen Fällen stoßen wir vielleicht den Beginn eines solchen Prozesses an.

Obwohl wir kontinuierlich viele Anfragen auch für Trialoge mit Erwachsenen erhalten, können wir nur wenige umsetzen, da Schule und Jugendliche unsere Priorität sind. Um aber auch der Berliner Stadtgesellschaft ein Gespräch zu ermöglichen, startete Shai eine Tour mit seinem Tiny House »Über Israel und Palästina sprechen«. Weil Jouanna durch ihre Hilfsarbeit für Menschen in Gaza vollkommen ausgelastet war, kooperierte er dafür mit Ahmad Dakhnous, der in einem palästinensischen Flüchtlingscamp in Syrien aufgewachsen und 2016 nach Deutschland gekommen ist. Im Rahmen der Berlinale stellten die beiden sich im Februar 2024 mit ihrem kleinen Häuschen auf Rädern auf den Potsdamer Platz und luden Passant*innen ein, mit ihnen über Israel und Palästina zu sprechen. Es hatte von den Veranstalter*innen der Berlinale im Vorfeld den Vorschlag gegeben, einen großen Trialog vor Publikum zu halten. Doch angesichts der zu erwartenden hohen Politisierung und Polarisierung im Publikum hatten wir dieses Ansinnen abgelehnt. Ein respektvolles, emotionales Gespräch funktioniert am ehesten in kleinem Rahmen, in einer freundlichen Atmosphäre. Das kleine, gemütliche Haus, in dem Shai und Ahmad auf ihre Gäste warteten, bot genau das. Über die Webseite der Berlinale und über Presseberichte waren Passant*innen eingeladen worden, sich in ein Gespräch mit uns zu wagen. Und die Leute kamen. Schauten einfach rein und setzten sich dazu. Irgendwann quetschten sich an die fünfzehn Personen gleichzeitig in den 5,5 Quadratmeter großen Raum. Einige gingen gleich wieder, andere blieben länger. Manche hörten nur zu, mit anderen führten wir kontroverse Diskussionen. Tatsächlich hatte sich unweit des Hauses gleich am ersten Tag eine Gruppe von Demonstrant*innen versammelt, Filmemacher*innen für Palästina oder etwas in der Art. Sie beäugten das Haus zwei Tage lang etwas skeptisch, am dritten kamen sie zu Shai und Ahmad hinein. Junge Amerikaner*innen waren das, auch Juden*Jüdinnen darunter, die klarstellten: »Wir sprechen nicht mit Menschen, die nicht anerkennen, dass in Gaza ein Genozid verübt wird.« Shai sagte: »Okay, ihr habt eure Meinung gesagt. Wir müssen euch nicht zustimmen. Setzt euch hin.« Und dann haben sie sich doch hingesetzt und mit uns gesprochen.

Andere Menschen kamen mit ganz persönlichen Geschichten ins Tiny House. Eine frischverliebte Person war dabei, die sich angesichts der Haltung ihrer Partnerin fragte, ob die Beziehung überhaupt eine Zukunft hatte. Schon verrückt, dass Israel/Palästina bis in die Beziehungen von unbeteiligten Menschen in Berlin wirkt! Jedenfalls kamen die Leute und haben gesprochen. Sie öffneten sich und waren dankbar für die Gelegenheit dazu. Weil eben nicht nur in der Schule Räume fehlen, an denen Gefühle gezeigt werden dürfen, sondern in der gesamten Öffentlichkeit. Auch Erwachsene verstecken ihre Emotionen, besonders am Arbeitsplatz. Gleichzeitig werden öffentliche Diskussion aber sehr emotional geführt, egal, ob es um Rechtsextremismus, Corona oder den Klimawandel geht. Über diese Emotionalität und woher sie rührt, sprechen wir als Gesellschaft jedoch nicht, sondern graben uns immer tiefer in unsere Positionen, statt anderen zuzuhören. Dabei ist die Frage: »Warum fühlst du das so?«, oft ein Schlüssel, um zu verstehen, wie wir zu bestimmten Positionen gelangen – und um diese dann aufzubrechen.

Wir sind der Meinung, dass es in vielen Debatten hilfreich wäre, die Gefühlsebene zu thematisieren. Sie bietet eine Möglichkeit, trotz aller Differenzen Gemeinsamkeiten zu finden: Ich bin aufgebracht, du bist aufgebracht. Warum ist das so?

Wer anderen die Möglichkeit gibt, sich zu erklären, erntet oftmals die Offenheit, sich selbst erklären zu dürfen.

Auch für uns sind unsere Veranstaltungen und Gespräche manchmal höchst emotional. Manchmal frustrieren sie uns. Wenn Palästinenser*innen mit Nazis verglichen werden, wenn Israelis mit Nazis verglichen werden, wenn wieder und immer wieder auf einfachste Erklärungsmuster zurückgegriffen wird, obwohl wir so sehr versuchen, die Grautöne zu vermitteln.

Selbst wenn wir und unsere Botschaft auf Zustimmung und Begeisterung treffen, ist unsere Arbeit – das Auffangen der Emotionen anderer – anstrengend und belastend für uns. Manchmal fühlt es sich an, als wären wir der Seelenmülleimer, in den endlich alles ausgeleert werden kann. Dabei verharren wir in der Rolle der Zuhörenden und Verständnisvollen, obwohl auch unser Verständnis Grenzen hat – tagesformabhängig mal früher, mal später. Insbesondere wenn es Nichtbetroffene sind, die höchst emotional reagieren, in Tränen ausbrechen angesichts ihrer Hilflosigkeit, ist es manchmal schwer, sich nicht zu fragen: »Wieso muss eigentlich ich dich trösten und nicht umgekehrt?«

In einer solchen Situation, in der Nichtbetroffenen viel Raum gegeben worden war, begann Jouanna einmal bitterlich zu weinen. Ich sehe diese Menschen alle, dachte sie. Aber wer sieht eigentlich mich? Es war ein Moment großer Belastung, in dem wir besonders spürten, wie sehr die gesellschaftliche Debatte uns erdrückt. Jouanna brauchte viel Zeit, um sich wieder zu beruhigen, und Shai legte einfach den Arm um sie. Wir blieben vor unserem Publikum stehen und erlaubten uns, auf eine Pausentaste zu drücken. Einfach gar nichts zu tun, das Publikum mit in diese minutenlange Pause zu ziehen. Es wurde für alle ein Moment des Nachdenkens, der für uns auch ein Stück weit befreiend war.

Kraft gibt uns positive Resonanz, gerade von Betroffenen. Wenn wir hören, dass sie differenziert bleiben möchten, obwohl es so schwer ist; wenn wir Dank und Zuspruch erhalten, wenn wir merken, dass wir Lehrkräften eine gewisse Erleichterung schaffen konnten, wenn das Gefühl der Hilflosigkeit und Unsichtbarkeit nach unseren Gesprächen ein bisschen gelindert werden konnte.

Dabei haben die Trialoge nicht immer die gleiche Wirkung auf uns. Für Jouanna war eine Veranstaltung, bei der viele palästinensische Familien anwesend waren, eine heilende Erfahrung. Diese Familien, von denen einige Angehörige in Gaza hatten, waren dankbar für den Raum, den sie erhielten, um ihren Schmerz und ihre Gedanken unter Nichtbetroffenen hörbar zu machen. Sie kamen ins Gespräch mit uns und verließen die Veranstaltung offensichtlich mit dem Gefühl, verstanden worden zu sein. Gleichzeitig war dasselbe Event für Shai schwierig. Denn mit all dem Schmerz und der Wut der anwesenden Betroffenen und ihrem – verständlichen – Fokus auf das Leid der Menschen in Gaza blieb kein Platz für die Geschehnisse des 7. Oktobers und ihre Auswirkungen auf Israelis und Juden*Jüdinnen. All dies wurde einfach von niemandem erwähnt. Für Shai fühlte es sich an, als hätte dieser Auslöser des Krieges für die Anwesenden gar nicht stattgefunden. Die Fragen, die wir uns immer wieder stellen – und nicht in allen Kontexten gleich beantworten – sind dann: In welchen Situationen müssen verschiedene Perspektiven beleuchtet werden? Wann gestehen wir es Betroffenen zu, nur den eigenen Schmerz im Fokus zu haben? Wie können wir angemessen auf die Asymmetrie eingehen, die in diesem Konflikt herrscht und in dem die Zahl verletzter und getöteter Palästinenser*innen um ein Vielfaches größer ist als die der Israelis, ohne das ebenfalls existierende Leid Letzterer zu negieren?

Wenn Gefühle umschlagen

Die Emotionen, die wir erleben, werden durch eine ewige Meinungsschlacht in den Medien und insbesondere den sozialen Medien angeheizt, nicht nur bei Jugendlichen, sondern auch bei Erwachsenen. In den Sozialen Medien schlagen legitime Empfindungen wie Wut, Ohnmacht und Verzweiflung leicht in Hass und Hetze um. Dabei kann man als Nutzer*in nie sicher sein, mit wem man es eigentlich zu tun hat – echten Menschen, Bots oder Trollen, die systematisch mit vielen verschiedenen Profilen gleichzeitig hetzen. Für das unangenehme Gefühl, das rassistische, menschenverachtende und antisemitische Posts oder Nachrichten bei uns hinterlassen, macht es aber kaum einen Unterschied. Manchmal schalten wir die Kommentarfunktionen unter unseren Social-Media-Posts ganz aus, weil wir die zermürbenden Kommentare, die Vorurteile und Verkürzungen nicht länger ertragen können und wollen.

Jouanna, die sich seit fünfzehn Jahren für den palästinensisch-jüdischen Dialog und ein differenziertes Bild von Israelis und Palästinser*innen einsetzt, wird als Judenhasserin und Antisemitin beschimpft. In einem öffentlichen Gespräch sagte ihr eine jüdische Teilnehmende ins Gesicht, dass sie nicht vor Nazis in Sachsen Angst habe, sondern vor Menschen wie ihr. Gleichzeitig erhalten wir beide Kritik aus unseren eigenen Communitys – nein, oftmals geht es über legitime Kritik weit hinaus. Und natürlich schmerzt es besonders, wenn wir als Verräter*innen oder Tokens⁎ dargestellt werden, wenn uns abgesprochen wird, dass es uns um die Zukunft unserer eigenen Communitys geht. Dabei ist es ja das, was uns um- und antreibt: Eine Ermöglichung des Zusammenlebens von Juden*Jüdinnen und Palästinenser*innen, sowohl in Deutschland als auch überall sonst.

Nun, jeder hat seine Perspektive. Das heißt aber keineswegs, dass wir es zulassen müssen, von Menschen, die ihrem Standpunkt Gehör verschaffen wollen, niedergebrüllt zu werden. Das ist der Zeitpunkt, wo wir klare Grenzen setzen. Dasselbe gilt, wenn gezielt und vorbereitet gegen uns agitiert wird und uns mit irgendwelchen herausgerissenen Zitaten Dinge unterstellt werden, die nicht unserem Weltbild, sondern der Projektion der Beschuldiger*innen entsprechen. Wenn so etwas passiert, ist klar, dass es nicht darum geht, ein Gespräch mit uns zu führen, sondern nur darum, uns zu diskreditieren.

Schlimm ist es, wenn es zu echten Einschüchterungsversuchen kommt. Shai passierte das im Oktober 2023, als er von einem Mitglied der Deutsch-Israelischen Gesellschaft wegen angeblicher übler Nachrede angezeigt wurde. In einem Tweet hatte Shai unter anderem geschrieben, der Anzeigensteller habe sich einer »faschistischen Organisation angeschlossen«; gemeint war die israelische Organisation *Im Tirtzu*, der ein israelisches

---

⁎ Als »Token« werden Mitglieder marginalisierter Gruppen bezeichnet, die als Feigenblatt oder Aushängeschild benutzt werden, um weiter bestehende gesellschaftliche Missstände zu verdecken.

Gericht bereits 2013 attestiert hatte, von faschistischer Ideologie beeinflusst zu sein.[28] Shai war in der Vergangenheit bereits in das Visier des deutschsprachigen *Im Tirtzu*-Aktivisten Yona Shay geraten, der so ziemlich gegen jeden und jede hetzt, die ihm über den Weg laufen, selbst wenn sie so dezidiert proisraelisch sind wie etwa der DIG-Präsident Volker Beck. Über Shai schrieb der Aktivist, dass seine Stimme Teil eines Mosaiks sei, »das letztlich die Hamas ermutigte, den [sic] größten Pogrom seit dem Holocaust zu begehen«. Der deutsche Anzeigensteller nun hatte 2022 mehrere Monate lang freiwillig für *Im Tirzu* gearbeitet,[29] daher Shais Tweet. Dass diese Aktivisten keine große Plattform haben, ist klar und zu begrüßen – allerdings wirken ihre aggressiven Einschüchterungsversuche, ob mit öffentlichen Posts oder angestrebten Gerichtsverfahren, trotzdem bedrohlich auf diejenigen, die sie treffen. Und genau das ist ihre Intention. Auch wenn das Verfahren gegen Shai schnell eingestellt wurde – zu einer Verunsicherung führt so etwas allemal.

Auch Jouanna begegnet Hetze von allen Seiten: islamistisch, muslimfeindlich, rassistisch. Das Level der Beschimpfungen auf ihrem X-Konto nahm im Herbst 2023 solch unerträgliche Ausmaße an, dass sie es schließlich ganz löschte. Ihr ist sowohl vorgeworfen worden, den Terror der Hamas zu relativieren, als auch, die palästinensische Sache zu verraten. »Unsympathische Ziege« ist eine der harmloseren Beleidigungen, denen sie ausgesetzt war, »von Zionisten gekauft« gehört zum regelmäßigen Repertoire. Weil sie nicht in jedem einzelnen Post darauf hinweist, dass sie sich von der Hamas distanziert, ist sie »selbst Terrorist/in«. Als progressive Palästinenserin bietet sie scheinbar eine Projektionsfläche für ziemlich jede Art von Ablehnung, die man sich vorstellen kann. Menschen sehen ein Konstrukt von uns, das unabhängig von dem ist, was wir tatsächlich sagen. Besonders schlimm werden solche Angriffe übrigens nach Fernsehauftritten – es scheint das Lieblingsmedium der Urheber*innen dieser Attacken zu sein!

Am Anfang versuchten wir noch, auf hetzerische Kommentare einzugehen, Aussagen zu entkräften. Doch schnell zeigte sich, dass es ein vergebliches Unterfangen ist – wir müssen unsere Kräfte für anderes bewahren. Ja, wir brauchen ein ganz schön dickes Fell, um solche Angriffe zu ignorieren und nicht mehr an uns heranzulassen. Manchmal kommen Attacken von Menschen, die wir kennen, die vielleicht sogar unsere Freund*innen waren: So wurde Shai von jemandem, den er gut kennt, öffentlich als »Alibijude« angegangen, der sich schämen solle, das Narrativ der Menschen zu übernehmen, die ihn »vergewaltigen und zerstückeln« wollen. Und warum? Weil Shai damit Geld machen wolle. So etwas tut richtig weh. Aber es ist auch ein typisches Phänomen für Personen, die einfach nicht wahrhaben wollen, dass Menschen anders denken als sie – sie erklären die Dissonanz mit der aus ihrer Sicht einzig erträglichen Begründung: Du wurdest gekauft. Denn sonst müssten sie sich vielleicht mit der Frage auseinandersetzen, wie wir eigentlich zu unseren Standpunkten gekommen sind.

Im Gesamtbild betrachtet überwiegt jedoch die positive Resonanz unserer Botschaft des Dialogs und der Multiperspektivität gegenüber. Auch das gibt uns die Kraft zu sagen: Wir machen weiter. Wir werden uns nicht einschüchtern lassen.

Fragen an die Lesenden

1. Was brauchst du, um ein Gespräch über Israel/Palästina führen zu können? Hast du einen Raum dafür?
2. Unter welchen Umständen kannst du das Gespräch nicht weiterführen? Und warum?

6
Unwissen, Unsicherheit, Unbehagen: Palästinenser*innen, Juden*Jüdinnen und die deutsche Mehrheitsgesellschaft

In Deutschland leben Palästinenser*innen und Juden*Jüdinnen, die in vielen Fällen einen anderen Blick auf Israel und Palästina, den Nahostkonflikt und die aktuellen Geschehnisse haben als die Mehrheitsgesellschaft. Wie viele Menschen diesen beiden – in sich diversen Communitys – angehören, lässt sich gar nicht genau sagen. Die Zahl der Juden*Jüdinnen in Deutschland wird, sofern sie nicht Teil einer jüdischen Gemeinde sind, statistisch nicht erhoben, was in Anbetracht der deutschen Geschichte und dessen, was auf die behördliche Kennzeichnung von Juden*Jüdinnen folgte, nachzuvollziehen ist. Viele in der Bundesrepublik lebende Israelis besitzen eine zweite, europäische Staatsbürgerschaft, unter der sie hier registriert sind. Also sind auch sie statistisch nicht sichtbar. Während in den Jahrzehnten nach dem Holocaust nur wenige Überlebende in Deutschland blieben, sind heute ein Großteil der jüdischen Menschen im Land Migrant*innen aus der ehemaligen Sowjetunion, die in den 90er-Jahren einwanderten, und ihre Nachfahren. Schätzungen zufolge leben heute etwa 200 000 Juden*Jüdinnen in der Bundesrepublik, nicht einmal halb so viele wie 1933.[30]

Palästinenser*innen werden behördlich ebenfalls nicht erfasst, sofern sie nicht einen Pass der Palästinensischen Autonomiebehörde besitzen, was auf die wenigsten zutrifft. Diejenigen, die keine deutschen Staatsbürger*innen sind, sind oftmals staatenlos oder Staatsbürger*innen der Länder, in die sie oder ihre Vorfahren aus Palästina geflohen sind.

Es sind Muslim*innen dabei, ebenso wie Christ*innen und Angehörige kleinerer Religionsgruppen wie den Drusen. Viele von ihnen kamen, wie Jouanna, während des libanesischen Bürgerkrieges in die Bundesrepublik. Auch aus Syrien sind in den letzten Jahren viele palästinensische Menschen nach Deutschland geflohen. Insgesamt leben schätzungsweise zwischen 175 000 und 225 000 palästinensische Menschen im Land.[31]

Neben der Größe und den von Migration geprägten Familiengeschichten vereint eine weitere Gemeinsamkeit diese beiden Communitys: Sie werden von der deutschen Mehrheitsgesellschaft mit viel Unsicherheit, Unwissen und einem manchmal unverdeckten Unbehagen betrachtet.

Sag mal Jouanna, wie ist es, Palästinenserin in Deutschland zu sein?

Palästinenserin in Deutschland zu sein bedeutet für mich als Erstes Unsichtbarkeit. Wir werden behördlich nicht als Palästinenser*innen registriert, sondern als Staatenlose oder »Ungeklärte«. Im Asylprozess werden Palästinenser*innen benachteiligt. Während Geflüchtete mit syrischem Pass sofort subsidiären Schutz genießen, werden Palästinenser*innen aus Syrien den palästinensischen Autonomiegebieten zugeordnet, selbst wenn sie ihr ganzes Leben in Syrien verbracht haben. Damit haben sie keinen automatischen Anspruch auf Schutz. Meiner Erfahrung nach, ich habe ja jahrelang Geflüchtete beraten, warten sie im Schnitt deutlich länger auf Asyl als syrische Staatsbürger*innen. Aktuell ist der Asylprozess für Palästinenser*innen aus Gaza sogar ganz ausgesetzt.[32]

Über diese behördliche Unsichtbarkeit hinaus existieren Palästinenser*innen auch im gesellschaftlichen Bewusstsein kaum. Palästinensische Restaurants sind meist als libanesisch gekennzeichnet, palästinensische Kultur tritt kaum in Erscheinung. Das kann Selbstschutz sein, weil der palästinensische Restaurantbetreiber gar nicht erst in einen komplizierten Diskurs hineingezogen werden will. Aber oft handelt es sich auch um ein aus einem gewissen Widerwillen geborenes Ignorieren der palästinensischen Identität durch unser Umfeld. Wenn ich als Jugendliche gesagt habe, dass ich Palästinenserin aus dem Libanon bin, wurde ich oft zu einer Libanesin gemacht, obwohl der libanesische Staat mich zu keiner Zeit als vollwertiges Mitglied seiner Gesellschaft akzeptiert hat. Im Gegenteil, bei Besuchen haben mich libanesische Beamte immer wieder spüren lassen, was sie von Palästinenser*innen halten.

Als Erwachsene habe ich erlebt, dass ich bei Veranstaltungen vorgestellt und meine palästinensische Identität verschwiegen wurde. Für eine Laudatio musste ich vehement darauf bestehen, dass ich nicht als Libanesin bezeichnet werden möchte. Ich wurde geehrt für mein Engagement, und es war mir wichtig, als Palästinenserin gesehen zu werden, die sich für Menschenrechte, für Geflüchtete und gegen Antisemitismus einsetzt. Doch bis das bei den Verantwortlichen ankam, musste ich mich sehr lange erklären. So verstärkt sich das Gefühl, dass alles, was Palästina berührt, am liebsten ausgeklammert wird, damit ja nicht irgendwelche Fässer aufgemacht werden, in denen etwas Kompliziertes zum Vorschein kommen könnte.

Palästinenserin zu sein bedeutet auch, dass ich an öffentlichen Orten, auf Zugfahrten zum Beispiel, nicht meine Muttersprache spreche. Zu oft habe ich erlebt, wie reagiert wird, wenn ich auf Arabisch telefoniere statt auf Deutsch. »Geht es auch leiser?!«, heißt es dann von Mitreisenden, die sich von bestimmten Sprachen gestörter fühlen als von anderen, sich aber einreden, es liege an der Lautstärke.

Manchmal erfährt man als Palästinenserin auch ungefragt Solidarität. Da raunen mir wildfremde Menschen zu, dass sie »das, was Israel macht« schlimm finden. Leider empfinde ich es selten so, dass mir und dem palästinensischen Schicksal echte Empathie entgegengebracht wird, denn nach meiner persönlichen Geschichte wird in solchen Fällen meist gar nicht gefragt. Oftmals wirkt es so, als würde die Person die Gelegenheit ergreifen, um endlich einmal all das über Israel loszuwerden, was sie sich sonst nicht zu sagen traut. Ich bin dann ein Vorwand, damit sie antisemitischen Tendenzen freien Lauf lassen kann. Holocaustvergleiche und -relativierungen musste ich mir mehr als einmal anhören.

Gleichzeitig darf man nicht vergessen, dass Deutschland ein wichtiger Geldgeber für Palästina ist und dort viele Projekte in Bereichen wie Wirtschaftsentwicklung, Zivilgesellschaft und Lebensgrundlagensicherung fördert.

In den letzten Monaten hat sich etwas geändert. Seitdem wir die Trialoge machen, werde ich als Palästinenserin wahrgenommen. Insgesamt gibt es mehr und aufrichtigeres Interesse an uns. Wie bitter, dass wir erst gesehen werden, wenn ein grausamer Krieg tobt.

Sag mal, Shai, wie ist es, Jude in Deutschland zu sein?

Ich bin in einem jüdischen Mikrokosmos aufgewachsen, in den ich aber irgendwie nicht hineinpasste. Jüdischer Kindergarten, Bar Mitzwa, jüdisches Ferienlager – doch ich war oft Außenseiter. Das lag daran, dass die meisten anderen jüdischen Kinder russisch sprachen und sich auch vom sozioökonomischen Hintergrund von mir unterschieden.

In Bezug auf die Mehrheitsgesellschaft habe ich mir lange überhaupt keine Gedanken gemacht. Polizeischutz vor jüdischen Einrichtungen? Das war einfach normal.

Aber manchmal wurden komische Dinge zu mir gesagt, Stereotype losgelassen. »Ihr seid so schlau und reich«, so was in der Art. Vieles davon ist an mir vorbeigegangen, weil ich kein Bewusstsein dafür hatte.

Als Jude bin ich nicht von Diskriminierungen und Rassismus am Arbeitsplatz oder bei der Wohnungssuche betroffen. Juden*Jüdinnen haben einen ganz anderen Status in der deutschen Gesellschaft als Muslim*innen oder Migrant*innen. Aber der Umgang mit uns ist verkrampft – fasziniert und verkrampft zugleich. Weshalb ich mich manchmal gefragt habe, ob man mich für einen bestimmten Job vielleicht engagiert hat, weil ich exotisch war, etwas Besonderes sozusagen.

Von mir aus erzähle ich nie, dass ich Enkel von Holocaust-Überlebenden bin. Aber wenn es jemand rausfindet: Oh, wie schnell kommen dann die Judenretter aus der eigenen Familie ins Gespräch! Wir wissen ja, wie viel Prozent der Deutschen wirklich Menschen während der Shoa geschützt haben,[*] und ausgerechnet deren Nachfahren soll ich ständig über den Weg laufen?

Ich sitze dann schweigend dabei und höre ein bisschen verwirrt und verstört zu. Aber ich versuche auch nicht, den Mythos aufzulösen. Da stecke ich meine Energie lieber in andere Projekte.

Wie Jouanna tun auch mir gegenüber ungefragt Leute ihre Meinung zum Nahostkonflikt kund. Meistens, weil sie in mir einen Verbündeten gegen Palästinenser*innen und Muslim*innen sehen. Ich würde mir wünschen, dass man mir persönlich gegenüber empathisch ist, vielleicht nach dem Wohlbefinden meiner Familie fragt, statt mir eine politische Positionierung aufzudrücken. Andererseits gibt es vermutlich viele Leute, sowohl auf jüdischer als auch palästinensischer Seite, die sich über eine einseitige Positionierung freuen würden. Ich kann nur für mich sprechen.

Viele deutsche Juden*Jüdinnen sind konservativ. Sie sehen Israel, nicht unberechtigt, als Land, das von allen Seiten bedroht wird; ein Land, um das sie sich einerseits Sorgen machen, das andererseits jedoch auch ihr An-

---

[*] Auf der Webseite der israelischen Holocaust-Gedenkstätte Yad Vashem heißt es dazu: »Bis zum 1. Januar 2005 hatten 20757 Personen den Titel eines Gerechten erhalten, darunter 5874 Polen, 4638 Niederländer, aber nur 410 Deutsche.« Als Gerechte unter den Völkern werden nichtjüdische Menschen bezeichnet, die Juden*Jüdinnen während des Holocausts retteten.

ker ist. Sie möchten, insbesondere im Diskurs mit der Mehrheitsgesellschaft, kein differenzierteres Bild von Israel sehen. Oftmals sind sie auch nicht bereit, über ihre eigenen Vorurteile gegenüber Muslim*innen und Palästinenser*innen nachzudenken. Erst kürzlich sagte mir jemand, der diesem Lager zuzuordnen ist: »Shai, ich bin froh, dass du nicht für die deutschen Juden sprichst.« Aber meine Stimme ist eben auch eine jüdische. Vielleicht ähnelt sie eher denen von linken Israelis, deren Kritik an der israelischen Regierung aus ihrer Selbstreflexion und ihrer Angst vor einer undemokratischen Zukunft erwachsen ist. Auch viele der in Deutschland lebenden Israelis sowie in Deutschland lebende jüdische Amerikaner*innen sind eher links – so entsteht ein Konflikt zwischen gegensätzlichen Meinungen, weil Juden*Jüdinnen nun mal keine monolithische Gemeinschaft bilden.

Medial werden Juden*Jüdinnen oft in einen religiösen Kontext gestellt, wenn jüdische Themen beispielsweise mit einem Bild von einem Kippa-Träger vor goldener Synagogen-Kuppel illustriert werden. Ich wünsche mir anstelle solcher Stereotypen ein diverses Bild, das auch progressives jüdisches Leben sichtbar macht. Erschwerend kommt hinzu, dass das Judentum in Deutschland manchmal als reine Religionsgemeinschaft verstanden wird, die meisten Juden*Jüdinnen sich aber als heterogene Gemeinschaft, als kulturelle Gruppe oder sogar als Ethnie verstehen – weshalb es eben viele Juden*Jüdinnen gibt, die mit Religion überhaupt nichts am Hut haben.

In der deutschen Erinnerungskultur sehe ich viel von dem, was Max Czollek als »Versöhnungstheater« beschreibt: Da geht ein Vorhang auf, und sobald er wieder zu ist, hat man das Theaterstück schon vergessen.

Gleichzeitig finde ich es gut, dass man die Erinnerung im Straßenbild sieht. Ich bleibe stehen, wenn ich an einem Stolperstein vorbeikomme, durch den ich erfahre, wer einmal in diesem Gebäude gelebt hat und was mit ihm oder ihr geschah. Aber wenn ich sehe, wie diese Steine an Gedenktagen von eifrigen Freiwilligen geputzt werden, die ihre Verantwortung nach außen tragen ... Na ja, es ist ein ehrenwerter Akt, aber er wird auch performativ von Politiker*innen benutzt, um sich zu inszenieren. Es ist einfacher, zum Polieren von Stolpersteinen aufzurufen, als Antisemitismus wirklich zu bekämpfen.

Vielleicht sollte ich nicht so streng sein: Besser einen Stolperstein putzen, als sich gar nicht mehr erinnern, Schlussstriche ziehen zu wollen. Das wünschen sich in meinen Augen viel zu viele.

Und vor allem: Was ist mit der Gegenwart? Wenn Lehrer*innen, die sich gegen Rechtsextremismus engagieren, aufgeben und die Schule wechseln, wenn Polizei und Verfassungsschutz von rechten Kräften unterwandert werden, wenn Wahlkämpfer*innen zusammengeschlagen und eingeschüchtert werden – dann zeigt sich doch, dass keine Lehren aus der Geschichte gezogen wurden. Wenn der Wille der Bevölkerung, sich kritisch mit menschenfeindlichen Phänomenen auseinanderzusetzen, gering ist, was bringen Monumente und Gedenktage dann? Dann bin ich wenig optimistisch.

Deutsche Befindlichkeiten

Palästinenser*innen und Israelis in der Diaspora sind ein Teil des Konfliktes, der seit mehr als hundert Jahren in Israel/Palästina und darum herum ausgetragen wird – oder werden zumindest oftmals als ein solcher Teil gesehen. Die Kreise derer, die sich betroffen fühlen, gehen aber weit darüber hinaus. Das steht damit im Zusammenhang, schreibt der Historiker Avner Ofrath, »wie zentrale Akteure den Konflikt austragen: als eine Sache, die Juden und Muslime weltweit betrifft«.[33]

In Deutschland kommt hinzu, dass der Diskurs zum Nahostkonflikt – und darüber hinaus auch der Umgang mit Palästinenser*innen und Israelis sowie Muslim*innen und Juden*Jüdinnen hierzulande – maßgeblich von der deutschen Vergangenheit und dem Verantwortungsgefühl gegenüber Juden*Jüdinnen und dem jüdischen Staat geprägt ist. Die Verbindungen zu Israel sind eng, sowohl auf der Regierungsebene als auch im zivilgesellschaftlichen Bereich, in Wissenschaft, Kultur und Wirtschaft.

Die Auseinandersetzung mit dem Schicksal der Juden*Jüdinnen während des Holocausts und die dafür empfundene Scham führt zu einer Unfähigkeit, Juden*Jüdinnen in all ihren Facetten zu betrachten wie alle anderen Menschen auch. Stattdessen existieren sie in dem von Schuldgefühlen geprägten Diskurs in erster Linie als eindimensionale Opfer. Einerseits wird heute lebenden Juden*Jüdinnen und Israelis mit einer höheren Erwartungshaltung als anderen Gruppen begegnet – frei nach dem Motto: »Gerade sie müssen doch aus der Geschichte gelernt haben.« Andererseits werden sie als »bessere Menschen« imaginiert, die aufgrund ihres Opferstatus unmöglich gleichzeitig auch Täter*innen sein können. Julia Yael Alfandari, diskriminierungskritische*r Bildungsreferent*in und Kulturvermittler*in, spricht in diesem Zusammenhang von einer »doppelten Anrufbarkeit«.[34] Sowohl Israelis als auch Palästinenser*innen sehen sich in erster Linie als Opfer. Die Möglichkeit, dass auch die eigene Gruppe oder Gesellschaft für Gewalt und Menschenrechtsverletzungen verantwortlich sein kann, für Unterdrückung und Unrecht, ohne dass dadurch selbst erfahrenes Leid entwertet wird, ist für die meisten Menschen nur sehr schwer zu ertragen. Diese Angst ist im deutschen Diskurs sehr weit verbreitet: Kritik an Israel wird vermieden, weil man befürchtet, dadurch den Horror des Holocausts zu minimalisieren. Dabei hat das eine mit dem anderen gar nichts zu tun. Das gilt ebenso andersherum: Die Taten eines palästinensischen Extremisten werden nicht dadurch relativiert, dass man darauf hinweist, dass er Opfer von Besatzung und Gewalt geworden ist. Sie sind deswegen nicht weniger schlimm. Es ist möglich, gleichzeitig Opfer und Täter zu sein.

Hinzu kommt, dass in der deutschen Erinnerungskultur die Beschäftigung mit den Opfern zentral ist, während die Täterschaft der eigenen Vorfahren kaum thematisiert wird. Die Identifizierung mit den Opfern kann dann so stark wirken, dass man sich, als Deutscher oder Deutsche mit deutschen Vorfahren, schon selbst fast als

Opfer begreift. Und sich dementsprechend persönlich angegriffen fühlt, wenn die Nachfahren der tatsächlichen Opfer kritisiert werden.

Natürlich heißt das nicht, dass Deutschland wie ein unbeteiligter Akteur agieren kann oder soll. Selbstverständlich tut Kritik an Israel aus Deutschland und von Deutschen besonders weh, und das sollte bedacht werden. Aber es geht uns nicht in erster Linie um die deutsch-israelischen Beziehungen, sondern um den innerdeutschen Diskurs. Und dieser ist von deutschen Befindlichkeiten geprägt. Dabei ist die Angst nicht unbegründet, dass Kritik an Israel in Antisemitismus umschlagen kann und auch benutzt wird, um von der deutschen Schuld am Holocaust abzulenken. Nur: Die Antwort auf dieses Dilemma sollte nicht sein, Kritik zu unterbinden. Vielmehr muss gefragt werden, woher dieser Antisemitismus kommt und wie er zu beseitigen ist. Gleichzeitig heißt es in keinster Weise, dass jede Kritik antisemitisch ist. Um jedoch zu erkennen, was antisemitisch ist und was nicht, braucht es Hintergrundwissen und ein Verständnis dafür, dass es sich beim Nahostkonflikt um »den Kampf zweier Nationalbewegungen handelt«, der andere Hintergründe hat als die antisemitische Gewalt im Europa des 20. Jahrhunderts.[35]

Dass nicht jede Kulturinstitution, die sich in einem öffentlichen Sturm wiederfindet, weil einem Kunstschaffenden oder Intellektuellen Antisemitismus oder Nähe zur BDS-Bewegung vorgeworfen wird, über solches Wissen verfügt, ist zu erwarten. Immer öfter scheint deswegen die Antwort zu sein: Lieber gar nicht erst mit Israel/Palästina beschäftigen. Dabei bräuchte es eigentlich eine

Diskussion über israelbezogenen Antisemitismus und seine schwierige und umstrittene Definition, in die die Realitäten des Konflikts mit einbezogen werden. Wie sehr sich Institutionen jedoch scheuen, den Themenkomplex »Israel/Palästina« in Angriff zu nehmen, kann exemplarisch an unseren Erfahrungen mit den Israel-Palästina-Bildungsvideos gezeigt werden.

Die BDS-Bewegung

»Boykott, Desinvestitionen, Sanktionen« – dafür steht das Kürzel BDS. Es ist der Name einer internationalen Bewegung zur Solidarität mit den Palästinenser*innen, die diese drei gewaltfreien Taktiken propagiert, um Israel unter Druck zu setzen. Ursprünglich 2005 von Palästinenser*innen ins Leben gerufen, wurde die Bewegung von der israelischen Regierung zur strategischen Bedrohung erklärt.[36] Sie verfolgt die folgenden zentralen Ziele: Ein Ende der israelischen Besatzung »arabischen Landes« und den Abbau der Mauer, die Gleichstellung palästinensischer Bürger*innen Israels und die Anerkennung eines Rückkehrrechts palästinensischer Flüchtlinge.[37] Die israelische Regierung und andere Akteur*innen bewerten die Bewegung als antisemitisch, weil sie das Recht des jüdischen Volkes auf Selbstbestimmung ablehne oder ignoriere und die Erreichung ihrer Ziele zu einer »Auslöschung des einzigen jüdischen Staates auf der

Welt« führen würde.[38] Dieser Sichtweise schloss sich der Bundestag an, als er im Mai 2019 einen Antrag mit der Zielsetzung »Der BDS-Bewegung entschlossen entgegentreten – Antisemitismus bekämpfen« verabschiedete⁎. Pikanterweise hatte die AfD kurz vorher eine ähnliche Forderung gestellt,[39] der die Große Koalition mit Unterstützung von Grünen und FDP mit einer eigenen Fassung begegnete. Gleichzeitig gab und gibt es große Kritik an der Gleichsetzung von BDS mit Antisemitismus, unter anderem von namhaften israelischen und jüdischen Wissenschaftler*innen, die sich mit einem offenen Brief an die deutschen Parteien wandten.[40] Statt Klarheit zu schaffen, führte die Resolution zu großer Unsicherheit bei Institutionen, insbesondere da die Bewertung, wer BDS unterstützt und in welchem Maße, höchst subjektiv ist. »Der Vorwurf, jemand ›stehe‹ einer Politik, einer Haltung, einer Meinung ›nahe‹, ist schnell erhoben und kaum belegpflichtig«, schrieb in diesem Zusammenhang der Publizist Micha Brumlik.[41] Inzwischen gibt es bereits mehrere Gerichtsurteile, mit denen Veranstalter, die BDS-nahen Aktivist*innen mit Berufung auf die Resolution Absagen erteilt hatten, zurückgewiesen wurden.[42]

⁎ Der Parlamentsbeschluss ist jedoch kein Gesetz und damit rechtlich nicht bindend.

Vor dem 7. Oktober war es äußerst schwierig gewesen, überhaupt eine Finanzierung für unser Israel-Palästina-Bildungsvideos-Projekt zu realisieren. Shai war monatelang auf der Suche nach Fördermitteln gewesen, erhielt jedoch nur Absagen, nicht selten mit Begründungen, in denen anklang: »Wichtiges Thema, ist uns aber zu heikel.« Erst als Jouanna vorschlug, das Projekt an das schon bestehende »Make Hummus not Walls«-Projekt anzudocken, gelang es uns, die Landeskommission Berlin gegen Gewalt davon zu überzeugen, mit uns ins kalte Wasser zu springen. Wobei – eigentlich sprangen wir, während die Kommission am Beckenrand stehen blieb. Die Sorge davor, dass unser multiperspektivisches Projekt kritisiert oder gar als antisemitisch bezeichnet werden könnte, war spürbar – nicht weil wir oder unsere Mitstreiter*innen dafür Anlass gegeben hätten, sondern weil diese Angst eben immer im Raum steht, wenn Israel/Palästina⋊ thematisiert wird. Im vollen Bewusstsein für die Sensibilität des Themas hatten wir einen Expert*innen-Beirat besetzt, dessen Mitglieder mit ihren Expertisen Antisemitismuskritik, Rassismuskritik, Nahostpolitik und Pädagogik uns regelmäßig Feedback, Tipps und Impulse gaben. Doch unser Beirat, in dem sowohl jüdische als auch palästinensische/muslimische Expert*innen vertreten sind, genügte unserer Geldgeberin nicht. Es wurde uns ein weiterer Beirat an die Seite gestellt, über dessen Be-

⋊ Es muss einem klar sein, dass allein diese Wortwahl sensible Seelen auf die Barrikaden treiben kann. Wenn das Niveau der »Kritik« sich auf dem Level »Palästina? Gibt es doch gar nicht!« oder »Israel? Ihr meint die Siedlerkolonie!« einpendelt, darf man sie getrost ignorieren.

setzung wir keinerlei Mitbestimmungsrecht hatten. Ein ungewöhnlicher Vorgang, gelinde gesagt. Die Angst der Beteiligten war auch in den bürokratischen Vorgängen präsent. Es gab den Wunsch, sich bei allem doppelt und dreifach abzusichern; alles sollte von mehreren Stellen geprüft werden, uns wurde kein Vertrauen entgegengebracht. Das hatte nichts mit Böswilligkeit zu tun – man wollte unser Projekt wirklich unterstützen –, aber die Sorge, dass wir etwas falsch machen und dass das Konsequenzen haben könnte, überschattete alles. Kleinste Details, von israelischen Historiker*innen verfasste Texte etwa, gingen durch mehrere Ebenen der Überprüfung durch politische Entscheidungsträger*innen. Man sagte uns, dass man uns schützen wolle – aber dieser »Schutz« führte am Ende dazu, dass wir das Projekt nicht verlängerten, weil der nicht immer nachvollziehbare bürokratische Aufwand nicht zu bewältigen war. Wir sind uns unserer Verantwortung bewusst, doch eine hundertprozentige Absicherung kann es nicht geben, insbesondere wenn es Akteur*innen gibt, die Dialogprojekten wie unseren von vornherein nicht mit Wohlwollen begegnen. Der Beirat sollte diesbezüglich wohl als Entlastung dienen nach dem Motto: Jetzt sitzt da ein Antisemitismusbeauftragter mit drin, jetzt kann uns nichts mehr passieren.

Worum es jedenfalls nicht ging, war, uns den Rücken zu stärken. Dies wurde offensichtlich, als unsere Arbeit nach dem 7. Oktober Ziel einer – zum Glück kurzlebigen – Diffamierungskampagne wurde. Bei einer von unserem Team durchgeführten Fortbildung zum Thema

Antisemitismus und Rassismus im Kontext des Nahostkonflikts in Deutschland war es an einer Universität zu gezielten Störungen durch einige Anwesende gekommen, die vorgaben, nur Rückfragen zu stellen bzw. Korrekturen vorzunehmen, die aber durch ihre Gestik, Mimik und parallel stattfindende Gespräche deutlich machten, dass sie dem Format, das den Nahostkonflikt multiperspektivisch beleuchtete, grundsätzlich ablehnend gegenüberstanden. Entgegen der Vereinbarung aller Teilnehmenden, den Workshop vertraulich zu behandeln, trugen diese Anwesenden ihre Beschwerden dann an eine konservative jüdische Organisation weiter, die, ohne bei uns nachzufragen, einen Post mit einer Liste von angeblichen historischen Fehldarstellungen während des Workshops veröffentlichte. Im Wesentlichen wurden den Workshopleiter*innen Verkürzungen oder Auslassungen vorgeworfen, die bis auf einen Fall[⌘] leicht entkräftet werden konnten. Abgesehen davon, war im Vorfeld des historischen Abrisses klargestellt worden, dass keine allumfassende Historie dargelegt werde, sondern nur ein Eindruck wichtiger Ereignisse gegeben werden könne, die aus unterschiedlichen Perspektiven beleuchtet werden sollten – ganz im Gegensatz zum Wunsch unserer Kritiker*innen, denen es offensichtlich gar nicht um geschichtliche Fehldarstellungen ging, sondern um die Dominanz ihrer Interpretation.

⌘ Bei diesem einen Fall ging es darum, dass Ägyptens Rolle bei der Blockade des Gazastreifens nicht erwähnt wurde – was das Team aber sofort richtigstellte, als es während der Fortbildung darauf angesprochen wurde.

Hinzu kam, dass die Störer*innen ohnehin schon stark emotionalisiert waren und aufgrund vorangegangener Ereignisse im Clinch mit der Universität lagen, der nun in unserem Workshop ausgetragen wurde. Jedenfalls reichte es ihnen nicht, uns auf sozialen Medien zu diffamieren: Die falschen Behauptungen wurden auch an unsere Beiratsmitglieder verschickt. Während die betroffene Universität den Anschuldigungen immerhin öffentlich widersprach, erfuhren wir von den institutionellen Förderstellen des Projekts keine Unterstützung. Tatsächlich ließ sich ein Beiratsmitglied umgehend von unserer Webseite löschen, weil es angeblich gar nicht gewusst habe, dass es dem Beirat angehöre. Dass es sich bei dieser Person auch noch um einen Antisemitismusbeauftragten handelte, macht die Sache besonders brisant. Jemand, der uns hätte unterstützen können, trug also stattdessen zu unserer Verunsicherung bei, indem er den Dialog nicht suchte, sondern sich einfach aus der Affäre zog.

Dieser Fall zeigt, dass die Sorge über Delegitimierungsversuche nicht unbegründet ist. Sie führt dazu, dass jede Formulierung sorgfältig überlegt wird, jede Initiative jedes Wort dreimal abwägt. Wir wissen dabei um die Macht der Medien, die einen kleinen Internet-Shitstorm in einen Hurrikan verwandeln können. Deswegen haben wir, besonders am Anfang, bei jedem Medien-Interview darauf bestanden, dass wir die Texte gegenlesen dürfen und dass nichts erscheint, was wir nicht absegnen. Denn wir wissen, wie Darstellungen durch Entkontextualisierung verschoben werden können. Diese Vorsicht macht das Sprechen über Israel und Palästina sehr schwierig –

und führt viel zu oft dazu, dass gar nicht erst gesprochen wird.

Wie die Medienmaschinerie auf Aufmerksamkeit heischende Schlagzeilen und Verkürzungen setzt, auf die Politiker*innen mit panisch wirkenden Schnellschüssen reagieren, zeigt eindrucksvoll das Beispiel der im Jahr 2024 stattgefundenen Berlinale.

»Israel-Hass im Kulturbetrieb«,[43] hieß es am 27. Februar in der FAZ. In der *Welt* war schon Tage vorher von einer großen Bühne für Antisemitismus die Rede[44], in der Bildzeitung von einem »Judenhass-Eklat«.[45] Damit bezogen diese Medien sich auf das, was der israelische Botschafter in Deutschland, Ron Prosor, in einem Tweet als »skandalösen antisemitischen Diskurs« bezeichnet hatte. Deutsche Politiker*innen ließen nicht lange auf sich warten: Kai Wegner, Regierender Bürgermeister von Berlin, twitterte: »In Berlin hat Antisemitismus keinen Platz.« Senator Joe Chialo schrieb von »selbstgerechter antiisraelischer Propaganda«, selbst der Bundeskanzler mischte sich schließlich ein.

Was war passiert?

Im Vorfeld waren sich die Veranstalter*innen des Filmfestivals, bei dem auch Werke mit thematischem Bezug zum Nahostkonflikt gezeigt wurden, bewusst, dass der Diskurs auch die Berlinale betreffen würde. Sie veröffentlichten ein Statement, bei dessen Entstehung auch unsere Beratung in Anspruch genommen wurde, in dem sie ihr Mitgefühl für alle Opfer und ihre Sorge über wachsenden »Antisemitismus, antimuslimischen Hass und Hassrede«[46] zum Ausdruck brachten. In der Eröffnungsrede der Preisverleihungsveranstaltung forderte die Co-Geschäftsführerin des Festivals, Mariette Rissenbeek, die Kriegsparteien auf, die israelischen Geiseln freizulassen und die Zivilbevölkerung in Gaza zu schützen. Vonseiten der internationalen Künstler*innen, die über den roten Teppich liefen und auf der Bühne geehrt wurden, kam es jedoch zu einer recht eindeutigen Parteinahme für die Palästinenser*innen, was vielleicht für viele deutsche Beobachter*innen nicht angenehm, angesichts der katastrophalen Lage in Gaza aber auch nicht besonders überraschend war. Einige Filmemacher*innen trugen Kufiyas als Zeichen ihrer Solidarität, andere Aufnäher mit den Worten »Ceasefire Now«,[⁎] der amerikanische Regisseur Ben Russell sagte auf der Bühne: »Wir stehen für das Leben und wir stehen gegen den Genozid und für einen Waffenstillstand.«

Dass ein israelischer Schauspieler, David Cunio, der 2013 selbst Gast der Berlinale war, eine Geisel der Hamas ist, wurde von niemandem erwähnt. Für die Künstler*-innen spielte der direkte Auslöser des derzeitigen Krieges, der 7. Oktober, überhaupt keine Rolle. Das kann man kritisieren. Aber daraus einen Eklat zu konstruieren, bei dem lang und breit diskutiert wird, wer im Publikum geklatscht hat, wie lange und für wen, bewirkt in erster Linie eins: Es wird über deutsche Befindlichkeiten debattiert statt über die Geschehnisse in Nahost und die

⁎ Auf das problematische Framing der »Waffenstillstand Jetzt!«-Parole gehen wir später ein. Wenn gleichzeitig die Befreiung der israelischen Geiseln *und* ein Waffenstillstand verlangt würde, wäre diese Forderung in jedem Fall weniger polarisierend.

Verantwortung der Bundesregierung. Besonders bezeichnend war in diesem Zusammenhang ein Tweet der Staatsministerin für Kultur und Medien, Claudia Roth, deren Klatschverhalten als Teilnehmerin und Geldgeberin der Berlinale-Gala von der Bild-Zeitung in einer Meisterleistung des Investigativjournalismus minutiös recherchiert wurde.[47] Während der Gala war ein Preis an den Dokumentarfilm *No Other Land* eines israelisch-palästinensischen Filmemacher*innenkollektivs verliehen worden, in dem die Auswirkungen der israelischen Besatzung auf das Dorf Masafer Yatta im Westjordanland, südlich der Stadt Hebron, beschrieben werden. In seiner Dankesrede sprach der israelische Regisseur Yuval Abraham davon, wie sein palästinensischer Counterpart Basel Adra und er unterschiedlichen Gerichtsbarkeiten unterworfen sind, sobald sie nach Hause zurückkehren, und ergänzte: »Diese Situation der Apartheid zwischen uns, diese Ungleichheit, muss enden.«[ж] Basel Adra sagte auf der Bühne, wie schwer es für ihn sei, seinen Preis zu feiern, wenn »Zehntausende meines Volkes von Israel in Gaza geschlachtet und massakriert werden«.

Statt sich gegen die mediale Falschklatsch-Kampagne zu wehren und souverän dazu zu stehen, dass sie applaudierte, wie man es eben macht, wenn jemand geehrt

---

ж In verkürzten und vereinfachenden Darstellungen in dieser Debatte gibt es oft nur eine Möglichkeit: Apartheid oder keine Apartheid in Israel/Palästina. Die komplexere Tatsache ist aber, dass auf israelischem Staatsgebiet Juden*Jüdinnen und Palästinenser*innen mit israelischem Pass zumindest formal die gleichen Rechte genießen, im besetzten Gebiet im Westjordanland, wo Basel Adra lebt, aber dezidiert nicht, weil sie unterschiedlichen Gerichtsbarkeiten unterworfen sind.

wird, egal, ob man mit jedem Wort übereinstimmt, ruderte Claudia Roth zurück und ließ ihr Ministerium verlautbaren, dass sie lediglich dem »jüdisch-israelischen« Abraham applaudiert habe; der Palästinenser blieb unerwähnt. Angesichts der Tatsache, dass wir einige Wochen zuvor auf einer Veranstaltung des Ministeriums von Frau Roth unser Trialog-Format und das »Braver Space«-Konzept vorgestellt hatten, waren wir auch persönlich enttäuscht von dieser Reaktion. Denn auch von der Staatsministerin selbst und ihren Kolleg*innen hatten wir zu diesem Zeitpunkt viel Zuspruch erfahren.

Dass sich die deutsche Mehrheitsgesellschaft dazu aufschwingt, über direkt Betroffene zu urteilen, die ihrem Schmerz und ihrer Zukunftsangst angesichts der Realität in ihrer Heimat Ausdruck verleihen, die wie Yuval Abraham Morddrohungen erhalten, weil sie die eigene Gesellschaft kritisieren, die wie Basel Adra mit Israelis kooperieren, obwohl weite Teile der palästinensischen Gesellschaft das ablehnen, ist mehr als bedenklich. Ja, es wäre schön, wenn immer alle »die andere Seite« mitdenken und miterwähnen würden, aber Betroffenen muss es erlaubt sein, in bestimmten Situationen in erster Linie das eigene Leid zu sehen und sich nicht über eine Wortwahl Sorgen zu machen, die deutsche Zuschauer*innen nicht verkraften könnten. So aber führt ein konstruierter Eklat dazu, dass einmal mehr nicht über politische Lösungen und die Rolle Deutschlands bei der Erarbeitung dieser Lösungen gesprochen wird. Gleichzeitig wird auch nicht ernsthaft Antisemitismus bekämpft, sondern politischer Aktionismus betrieben, der solch absurde Formen annimmt, dass weder die Fraktion »Die klatschen zu viel« noch die Fraktion »Die klatschen nicht genug« ihm irgendetwas abgewinnen können.

In Erinnerung bleibt ein angeblicher »Antisemitismus-Eklat« bei der Berlinale, bei dem niemand benennt, was genau antisemitisch gewesen sein soll, aber auch nicht ausgesprochen wird, was wir im Kulturbereich und andernorts oftmals erleben: selektive Empathiefähigkeit.

Diese selektive Empathiefähigkeit trifft Israelis ebenso wie Palästinenser*innen. Ein für uns besonders abstoßendes Beispiel ist die Reaktion von Ingo Way, Chef vom Dienst bei *Cicero Online*, auf das Pressefoto des Jahres. Darauf ist eine Palästinenserin zu sehen, die ein in ein Leichentuch gewickeltes totes Kind im Arm hält. Das Bild wurde nach Angaben des Fotografen am 17. Oktober 2023 aufgenommen und zeigt Inas Abu Maamar und ihre fünfjährige Nichte Saly, die bei einem Bombenangriff auf Khan Yunis im Gazastreifen getötet wurde, ebenso wie ihre Mutter und Schwester. In einem später gelöschten Tweet kommentierte der deutsche Journalist: »Die Opfer vom 7. Oktober haben eben nicht so fotogen posiert.« Statt auch nur leisestes Mitgefühl mit Zivilist*innen zu zeigen oder auf eine Lösung zu drängen, die den Tod von Unschuldigen verhindert, sieht sich ein in der Öffentlichkeit stehender Mensch dazu berufen, auf menschenverachtende Weise zu suggerieren, eine Frau würde einen Moment höchsten Leids für eine Agenda missbrauchen. Und das alles scheinbar in der Annahme, er würde damit die Opfer des 7. Oktobers in irgendeiner Weise würdigen.

Das gesamte Internet ist voll von selektiver Empathie, die nicht selten in Hassrede umschlägt. Wie verbreitet eine entmenschlichende Darstellung von Juden*Jüdinnen und Israelis in den sozialen Medien ist, wird in der bereits erwähnten Studie der Bildungsstätte Anne Frank zum 7. Oktober und seinen Folgen im Netz dargestellt.[48]

Doch während als israelfeindlich wahrgenommene Stimmen von diversen Veranstaltungen ausgeladen werden, haben menschenfeindliche Einlassungen, die sich gegen Palästinenser*innen richten, so gut wie keine Konsequenzen. Im Februar 2024 veröffentlichte das *Zeit-Magazin* ein langes Interview mit fünf Deutsch-Palästinenser*innen, darunter auch Jouanna. Es war die erste große Veröffentlichung seit Ausbruch des Krieges, die die Perspektiven von Palästinenser*innen in Deutschland in den Fokus rückte. Im Interview sprach die erst achtzehnjährige Gymnasiastin Youmna über ihre Empfindungen nach dem 7. Oktober. Sie sagte explizit, dass die Taten der Hamas nicht zu rechtfertigen seien, und führte aus, dass der Hintergrund jahrelanger Besatzung gekannt werden müsse. Die Redaktion wählte ihr Konterfei mit Kopftuch und Kufiya als Titelbild für die Veröffentlichung aus und versah ihr Bild mit dem Zitat: »Ich finde es nicht richtig, dass man sich nur auf den 7. Oktober fokussiert.« Über solche Redaktionsentscheidungen, die das Bild von Palästinenser*innen in Deutschland maßgeblich mitprägen, könnte man lange Abhandlungen schreiben.

Jedenfalls veranlassten das so veröffentlichte Cover und der Wunsch einer Schülerin nach Kontextualisierung den ehemaligen Bundestagsabgeordneten und aktuellen Präsidenten der vom Auswärtigen Amt geförderten Deutsch-Israelischen Gesellschaft Volker Beck dazu, ein Bild von Hitler im Stil des *Zeit-Magazin*-Titelbildes zu posten, auf dem das »Zitat«: »Ich finde es nicht richtig, dass man sich nur auf die Shoa fokussiert« prangte. Aufschrei? Shitstorm? Konsequenzen? Fehlanzeige. Palästinensische Schülerinnen dürfen offensichtlich mit Massenmördern verglichen werden, ohne dass es jemanden juckt. Gleichwohl hat Herr Beck den Post mittlerweile gelöscht. Möglicherweise hat er gemerkt, dass dieser Vergleich unpassend war.

Dass demagogische Darstellungen von Palästinenser*innen oft wenig mit dem Nahostkonflikt und viel mit deutschen Ressentiments und antimuslimischem Rassismus zu tun haben, zeigt sich immer wieder. Paradebeispiel: CDU-Chef Friedrich Merz, der in einem Interview im Oktober 2023 befand, dass Deutschland nicht mehr Geflüchtete aufnehmen könne, weil schon »genug antisemitische junge Männer im Land«[49] seien.

Der Kampf gegen Antisemitismus interessiert ihn offenkundig besonders dann, wenn er von Menschen kommt, die er sowieso ablehnt.

Merz verlangte außerdem, dass der Erhalt der deutschen Staatsbürgerschaft an ein Bekenntnis zu Israels Existenzrecht zu knüpfen sei. Tatsächlich ist am 27. Juni 2024, wie von Bundesinnenministerin Faeser bereits im März angekündigt, ein neuer Fragenkatalog für den Einbürgerungstest eingeführt worden, in dem die Themen Antisemitismus, Existenzrecht des Staates Israel und jüdisches Leben in Deutschland abgedeckt werden.[50] Was aber bewirkt ein solcher Aktionismus? Ein Antisemit wird seine Einstellung wohl kaum überdenken, weil er ein paar Kreuzchen an bestimmten Stellen im Einbürgerungstest machen muss. Eine Wirkung zeigen solche Aussagen hochrangiger Politiker*innen aber in der Gesellschaft: Sie betreiben Othering,[⋇] mit dem klargemacht werden soll, dass Antisemitismus ein »fremdes« Problem ist, keines von »uns«, sondern von »denen da«. Und was kommt bei »denen da« an? Dass Antisemitismus schlimmer ist als Rassismus und dann noch mal unterschiedlich schlimm, je nachdem von wem er geäußert wird. Schließlich kann eine Moderatorin mit palästinensischen Wurzeln für problematische Äußerungen in jungen Jahren ihren Job verlieren, während ein Politiker mit bayerischem Hintergrund keinen Karriereknick fürchten muss, wenn er als Jugendlicher menschenverachtende Flugblätter verteilt hat. So werden Bevölkerungsgruppen gegeneinander ausgespielt, und Extremist*innen leiten den Zorn marginalisierter Jugendlicher gegen die vermeintlich bevorzugten Juden*Jüdinnen.

Die Gefahr, die von Islamist*innen ausgeht, wenn diese sich an Jugendliche wenden, die mit ihrem Platz in der deutschen Gesellschaft hadern, ist real. In den letzten Monaten ist ihre Reichweite und ihr Erfolg, ihren Hass zu verbreiten, auf erschreckende Weise gestiegen, wie

⋇ Mit »Othering«, also »Andersmachung«, wird die Abgrenzung und Distanzierung von einer Gruppe beschrieben, die dazu dient, die eigene Gruppe als positive Norm darzustellen.

wir auch in den Schulklassen beobachten. Judenfeindlichkeit und Israelhass unter muslimischen Menschen ist ein ernst zu nehmendes Problem, das gezielt angegangen werden muss. Nur sollte die Motivation, dieses Problem zu bekämpfen, nicht aus Vorurteilen gegen ganze Bevölkerungsgruppen erwachsen, sondern aus der Notwendigkeit, Menschenhass in all seinen Formen zu begegnen.

Statt ohne jegliche Aufklärung zu verlangen, dass Bekenntnisse unterschrieben werden, müsste das Gespräch gesucht werden, müsste Präventionsarbeit betrieben werden. Jouanna sprach einmal mit einer älteren, in Deutschland lebenden Palästinenserin, die das Existenzrecht Israels vehement ablehnte. Als Jouanna schließlich fragte: »Was bräuchtest du denn, um Israel anzuerkennen?«, lautete die Antwort: »Dass mein Existenzrecht anerkannt wird!« Danach war eine ganz andere Diskussion möglich, auch über den Hass gegen Juden*Jüdinnen. Das heißt nicht, dass wir alles durch eine rosarote Brille sehen – ein einzelnes Gespräch ändert keine grundlegenden Einstellungen. Es kann aber ein Anstoß sein. Aufklärungs- und Präventionsarbeit führt nur in langjährigen Prozessen zu nachhaltigen Ergebnissen, und das muss von der Politik gewollt sein und unterstützt werden.

Die Rhetorik von Politiker*innen und anderen in der Öffentlichkeit stehenden Menschen hat Signalfunktion. Im November 2023 waren wir gemeinsam mit anderen Aktivist*innen des muslimisch-jüdischen und palästinensisch-israelischen Dialogs ins Schloss Bellevue zu einem »runden Tisch zum friedlichen Zusammenleben« eingeladen worden. In seiner Ansprache an uns und die

Öffentlichkeit rief Bundespräsident Frank-Walter Steinmeier palästinensische und arabische Menschen dazu auf, sich nicht von der Hamas instrumentalisieren zu lassen und dem »Terror eine klare Absage«[51] zu erteilen. Zwar hatte er kurz vorher betont, »keinen Generalverdacht gegen Muslime« zu befürworten, tat dann aber genau das: Er verlangte eine Distanzierung, als müsse man ohne gegenteiligen Beweis erst einmal davon ausgehen, dass arabische Menschen für Terror sind. Damit löste er nicht nur bei Nazih Musharbash, dem Präsidenten der Deutsch-Palästinensischen Gesellschaft, ein Gefühl der Entfremdung aus, der sich von deutschen Politiker*innen als »potenzieller Mordbejubler« gesehen fühlt und darüber hinaus fragt, was es bedeutet, wenn »der Vorgesetzte, der Vermieter, der Nachbar oder der Lehrer von Palästinensern, Arabern und Muslimen« Ähnliches annehmen.[52]

Viele arabische, muslimische und palästinensische Menschen in Jouannas Umfeld trauen sich nicht mehr, auf der Straße Arabisch zu sprechen, fühlen sich von den Blicken und Sprüchen, denen sie ausgesetzt sind, stark belastet. Damit geht es ihnen genauso wie vielen jüdischen und israelischen Menschen in Deutschland, die auf Erkennungsmerkmale verzichten oder in der Öffentlichkeit kein Hebräisch mehr sprechen. Dass diese Ängste nicht unbegründet sind, zeigt die jüngste Kriminalstatistik. Allein für das Jahr 2023 registrierte das Bundeskriminalamt siebzig politisch motivierte Staftaten gegen Moscheen – und 42 gegen Synagogen. Außerdem wurden 1 464 Fälle von islamfeindlicher Hasskriminalität angezeigt, ein Anstieg von 140 Prozent gegenüber 2022. Besonders erschreckend: Zu den islamfeindlichen Delikten zählten 87 Körperverletzungen, ebenfalls ein deutlicher Anstieg zum Vorjahr. Im gleichen Zeitraum kam es bei antisemitischer Hasskriminalität zu einem Anstieg von 96 Prozent auf 5 164 Fälle. Auch hier war eine Zunahme der gewalttätigen Angriffe zu verzeichnen: Das BKA zählte 91 Körperverletzungen (2022: 61).[53] Dass die Dunkelziffern in allen Fällen höher liegen, darf angenommen werden, auch wenn es sich bei den Zahlen um angezeigte Taten handelt, nicht um rechtskräftig verurteilte.

Angesichts solcher Zahlen steht außer Zweifel, dass Antisemitismus, antimuslimischer Rassismus und jede Art von Menschenhass benannt und bekämpft werden müssen, wenn sie geschehen. Doch das ist einfacher gesagt als getan, denn ohne geschult zu sein, ist es nicht immer einfach, antisemitische Muster oder rassistische Denkweisen zu erkennen. Die Angst bei Institutionen, dass Künstler*innen, Wissenschaftler*innen oder Redner*innen etwas sagen könnten, was in diese Kategorien fällt, ist jedoch riesig – auch weil finanzielle Einbußen drohen können, wenn Nähe zur BDS-Bewegung attestiert wird. Dabei scheint der Antisemitismusvorwurf deutlich schwerer zu wiegen als andere Anschuldigungen.

Als Werkzeug, das Antisemitismus erkennbar macht, wird deshalb nach Definitionen gesucht, auf die sich Institutionen berufen können. Meist wird dafür die Antisemitismus-Definition der International Holocaust Rememberance Alliance (IHRA) herangezogen, die die Bundesregierung 2017 per Kabinettsbeschluss verabschiedet hat und die damit als handlungsleitend gilt. Die IHRA-Definition ist jedoch keineswegs eindeutig und in ihrem Hauptteil sehr allgemein gehalten: »Antisemitismus ist eine bestimmte Wahrnehmung von Jüdinnen und Juden, die sich als Hass gegenüber Jüdinnen und Juden ausdrücken kann. Der Antisemitismus richtet sich in Wort oder Tat gegen jüdische oder nichtjüdische Einzelpersonen und/oder deren Eigentum sowie gegen jüdische Gemeindeinstitutionen oder religiöse Einrichtungen.«[54] Näher erläutert wird diese Definition dann mit elf Beispielen für antisemitische Handlungen, die vom Aufrufen zur Tötung von Juden*Jüdinnen über dämonisierende Darstellungen und Holocaustleugnung bis zur Anwendung doppelter Standards in Bezug auf Israel reichen. Das Problem: Diese Beispiele stehen im Konjunktiv: Sie »können« antisemitisch sein. Damit ist die IHRA-Definition letztlich wenig hilfreich, um Fälle tatsächlich zu bewerten, da sie in ihrem Selbstverständnis kontextabhängig ist. Sie kann eine »fehleranfällige Anwendungspraxis« sogar begünstigen und »produziert die Fiktion eines kriteriengeleiteten, objektiven Beurteilens«[55], obwohl doch laut Definition selbst »der Gesamtkontext« zu berücksichtigen ist. Bei der Interpretation dieses Kontextes sind die Institutionen aber wiederum auf sich allein gestellt. Eine Einschätzung etwa, ob von Israel »ein Verhalten« gefordert wird, »das von keinem anderen demokratischen Staat erwartet oder gefordert wird«, ist höchst subjektiv. Wenn das deutsche Gewissen bewirkt, dass man sich den Staat Israel als nichts anderes als ein Opfer vorstellen kann, wirkt der Vorwurf, Israel begehe

Kriegsverbrechen, wie eine Dämonisierung. Was aber, wenn Israel wirklich Kriegsverbrechen begeht – wofür es gerade eine erdrückende Beweislast vonseiten internationaler und israelischer Menschenrechtsorganisationen gibt? Es muss möglich sein, das zu diskutieren – und zwar ohne im Umkehrschluss zu folgern: Israel begeht Kriegsverbrechen, deswegen haben Antisemit*innen recht in ihrem Hass auf Juden*Jüdinnen. Gruppenbezogene Menschenfeindlichkeit ist eben nie gerechtfertigt, egal, was Mitglieder einer Gruppe tun oder nicht tun.

Insgesamt herrscht eine riesige Verunsicherung darüber, was Antisemitismus ist, insbesondere in Bezug auf israelbezogenen Antisemitismus. Diese Verunsicherung führt zu einer Verengung der Diskursräume und zur Fehlleitung der Debatten. Doch ohne Diskurs kann der Kontext, der für eine Bewertung, ob etwas antisemitisch ist oder nicht, notwendig sein kann, gar nicht hergestellt werden.

Die »3-D-Regel«, die häufig herangezogen wird, um israelbezogenen Antisemitismus zu erkennen, ist ebenfalls nicht unproblematisch: Laut diesem Ansatz zeigt sich Antisemitismus anhand von Delegitimierung, Doppelstandards und Dämonisierung gegenüber Israel. Nur: Diese Begriffe sind sehr subjektiv, und um zu beurteilen, ob sie zutreffen, braucht es fundiertes Hintergrundwissen. Deshalb plädieren wir für Fortbildungen, die solches Wissen vermitteln. Wir plädieren für geschützte und eben mutige Räume, in denen auch gefragt werden kann: »Wie hast du das gemeint?« Nur wer auch über multiperspektivisches Wissen zum Nahostkonflikt verfügt, kann beurteilen, ob Kritik an der israelischen Regierung auf berechtigte Art und Weise vorgetragen wird oder in antisemitische Denk- und Erklärungsmuster umschlägt.

Wie sieht es derweil mit der Bekämpfung von leicht zu erkennendem Antisemitismus, klassischem und offen ausgesprochenem Judenhass aus? Nun, als Shai im November 2023 eine besonders ekelerregende Nachricht von einem ihm Unbekannten erhielt (»Du hurensohn jude. In die Kammern mit dir und deiner Sippe, geh duschen du nuttensohn«), brachte er diese zur Anzeige. Eine Antwort der Polizei erhielt er fast fünf Monate später. Der bürokratische Aufwand, der dann noch notwendig war, um den Strafantrag zu stellen, wurde Shai einfach zu viel. Welche Bedeutungen haben die Beteuerungen von Politiker*innen, wenn die bürokratische Infrastruktur eine effiziente Strafverfolgung faktisch unmöglich macht?

Die Grenzen des legitimen Protests

Der Krieg in Gaza und Israel und insbesondere das Vorgehen der israelischen Armee und die hohe Zahl getöteter Zivilist*innen in Gaza haben weltweit zu Protesten und Demonstrationen geführt. Sie haben Student*innen und viele andere Menschen in Europa, den USA und anderswo emotionalisiert und politisiert. Dass der Krieg mehr als ein halbes Jahr nach seinem Beginn medial und gesellschaftlich noch so präsent ist, zeigt, wie sehr er bewegt. Dass Menschen auf die Straße gehen und gegen verheerende Gewalt demonstrieren, ist legitim und ein demokratisch verbrieftes Recht, insbesondere, wenn die eigene Regierung eng mit einer der Kriegsparteien verbündet ist – und in besonderem Maße, wenn die Zahl ziviler Opfer so unerträglich hoch ist. Wenn Jouanna die Demonstrationen sieht, denkt sie: Wow, noch nie gab es in der westlichen Welt so viele Menschen, die sich für Palästinenser*innen eingesetzt haben.

Die Proteste finden jedoch in einem Raum statt, in dem die Polarisierung fast total ist. Mit größter Selbstverständlichkeit wird in der medial ausgetragenen Meinungsschlacht davon ausgegangen, dass jemand, der gegen Bomben auf Zivilist*innen in Gaza protestiert, nicht gleichzeitig auch gegen Raketen auf Israel sein kann. Dabei ist die Zuordnung des Rufes »Waffenstillstand jetzt!« als propalästinensisch besonders perfide; schließlich kann ein Schweigen der Waffen auch für Israelis lebensrettend sein – sowohl für Soldat*innen als auch Zivilist*innen, die weiterhin Raketenbeschuss und Anschlägen ausgesetzt sind, als auch für die israelischen Geiseln in Gaza.

Auch ist zu bedenken, dass Demonstrationen in erster Linie das Ziel verfolgen, laut zu sein und Aufmerksamkeit zu erzeugen. Eine Demonstration ist nicht der Ort, um Grautöne aufzuzeigen oder unterschiedliche Seiten zu beleuchten.

Gleichzeitig beobachten wir eine Radikalisierung der Lager und eine Hinwendung zu nationalistischen Parolen anstelle universalistischer Appelle für ein Ruhen der Waffen. Der Wunsch nach einer Massendemonstration für Frieden für alle statt einseitiger Solidaritätsbekundungen, den der jüdische Autor und ehemalige Europapolitiker Daniel Cohn-Bendit in einem Interview in Shais Podcast *Über Israel und Palästina sprechen* geäußert hat, scheint Utopie.

Wir beobachten den Einfluss postkolonialer Perspektiven, nach denen Israel grundsätzlich illegitim sei, weil es als »Siedlungskolonie« gegründet wurde. Wieder dominieren einfachste Erklärungsmuster, die den historischen Realitäten nicht gerecht werden: Zionismus = Kolonialismus = Rassismus = schlecht. Wenn daraus die Schlussfolgerung gezogen wird, dass gegenwärtig in Israel lebende Menschen Kolonialisten sind, die zurück nach Polen gehen sollen,[56] ist das brandgefährlich – jede Bewegung, die darauf abzielt, heute zwischen »dem Fluss und der See« lebende Menschen in Israel/Palästina zu vertreiben, egal ob sie Palästinenser*innen oder Israelis sind, entfernt uns weiter von einer Lösung, die Gerechtigkeit und Freiheit für alle bedeutet.

Das heißt nicht, dass die zionistische Bewegung nicht auch von kolonialem Gedankengut beeinflusst war. Sie war, wie jede historische Entwicklung, von vielen Faktoren geprägt. Der amerikanisch-palästinensische Historiker Rashid Khalidi sagt dazu: »Zionismus ist nicht nur Siedlerkolonialismus. Zionismus ist nicht nur Ergebnis der europäischen Verfolgung des jüdischen Volkes. Zionismus ist auch nicht nur Ausdruck einer jahrhundertelangen Sehnsucht nach Rückkehr ins Land Israel. Zionismus ist all das, in Kombination.«[57] Der israelische Geschichtswissenschaftler Moshe Zimmermann führt aus, was jüdische Bestrebungen, sich im Nahen Osten anzusiedeln, von Kolonialimperien unterschied, denen es darum ging, die Ressourcen der Kolonien für das Mutterland zu nutzen: »Hätte es [...] im national gesinnten Europa des späten 19. Jahrhunderts den Antisemitismus [...] nicht gegeben, hätte es für Juden keinen Grund gegeben, sich außerhalb Europas als Nation niederlassen zu wollen. Denn für Juden als Religionsgemeinschaft ist die Rückkehr nach Zion eigentlich erst mit dem Erscheinen des Messias erlaubt. Deshalb harrten die Juden auch nahezu zweitausend Jahre in der Diaspora aus.«[58]

Damit soll nicht negiert werden, dass heute israelische Extremist*innen unter dem Schutz der israelischen Regierung palästinensische Menschen im Westjordanland vertreiben und dass Teile der israelischen Regierung eine Neubesiedlung des Gazastreifens propagieren.

Nur lehnen wir es ab, dass historische Komplexitäten

vereinfacht werden, um daraus Legitimität dafür zu ziehen, die »Lösung« des Nahostkonflikts in einem – wie auch immer gearteten – »Verschwinden« der Israelis zu sehen.

Welche Auswirkungen die in sozialen Medien propagierte Darstellung von Israelis als Kolonialist*innen hat, erlebte Shai in einem Trialog, den er mit dem Trialog-Paten Ahmad Dakhnous durchführte. Eine Schülerin erklärte bei diesem Zusammentreffen, dass die Gene von Israelis ihre europäische Abstammung bewiesen und diese dementsprechend kein Anrecht auf Land im Nahen Osten hätten – ungeachtet der Tatsache, dass sie nun mal seit mehreren Generationen dort leben. Die Schülerin, selbst arabisch, erkannte nicht, dass ihre DNA-Beweise-Theorien auf nationalistischem Gedankengut basieren, mit denen ebenso gut ihr eigenes Existenzrecht in Deutschland negiert werden könnte. Im Übrigen fand sie auch, dass Juden*Jüdinnen eine zu zentrale Rolle im Holocaust-Gedenken spielen, schließlich habe es auch andere Opfer gegeben. Es war eine Vermischung progressiver Gedanken (neben Juden*Jüdinnen sollten *auch* andere Opfer berücksichtigt werden) und nationalistischer Ideen (Opferidentitäten anderer Gruppen gar nicht erst anerkennen), die in erster Linie dazu diente, Israelis sowohl aktuell als auch historisch als reine Täter*innen zu framen.

Ein erschreckendes Beispiel für den Wunsch, eine klare Abgrenzung von jüdischen Opfern und israelischen Täter*innen zu kreieren, ist eine höfliche Wortmeldung einer anonymen Person, die die in Berlin lebende jüdische Autorin Deborah Feldman im Mai 2024 in ihrer Instagramstory veröffentlichte. Die Person hatte auf einen Post der Autorin, in dem es um historische zionistische und antizionistische jüdische Gruppierungen ging, mit der Bitte um mehr Informationen reagiert und schrieb: »Ich nehme an, im Holocaust wurden vor allem JüdInnen ermordet, die die zionistische Ideologie nicht unterstützt haben?« [sic].

In dem Weltbild dieser Person war die Vorstellung »Zionisten = böse« scheinbar so sehr verankert, dass sie Bestätigung für ihren menschenverachtenden Gedanken suchte, dass jüdische Menschen mit dem Bestreben nach einem jüdischen Nationalstaat unmöglich auch Opfer eines Menschheitsverbrechens sein könnten. Das Denkmuster scheint zu sein: Die guten Juden*Jüdinnen wurden alle ermordet, die Übriggebliebenen sind die bösen.

Hinzu kommt, dass das Wort »Zionist*in« in vielen Fällen benutzt wird, um gewalttätige Sprache zu legitimieren. Über »Zionist*innen« darf offenbar mit hasserfülltem Vokabular gesprochen werden. Der Begriff wird als Synonym für »Rassist*in«, »Besatzer*in«, »Kriegsverbrecher*in« und vieles andere mehr benutzt. Damit wird mindestens in Kauf genommen, dass sich jüdische Menschen, die sich als Zionist*innen definieren, weil sie auf einem Existenzrecht eines jüdischen Staates bestehen, mitgemeint fühlen. Was im Detail unter Zionismus verstanden und wie er gelebt wird, ist aber genauso divers wie die jüdische Community selbst.

Die Grenzen des legitimen Protestes sind in jedem Fall erreicht, wenn sie den Holocaust instrumentalisieren. So stellte sich der polnische Künstler Igor Dobrowolski mit einem Schild vor die Gedenkstätte in Auschwitz-Birkenau, um der Welt und seinen 87000 Follower*innen mitzuteilen, dass »Israel Völkermord in Gaza« begehe.[59] Damit spannt er einen Bogen von der Tötungsmaschinerie Auschwitz zum Krieg in Gaza, der eine Gleichstellung impliziert. Hinzu kommt: Gewöhnlich finden Proteste vor ihren Adressaten statt – man demonstriert vor dem Bundestag, um unsere Gesetzgeber*innen anzusprechen, oder etwa an einer gefährlichen Kreuzung, um Verkehrssicherheit zu verlangen. Was bedeutet dann ein Protest vor dem Todeslager? Er impliziert zumindest, dass Juden*Jüdinnen – tote noch dazu! – pauschal eine Verantwortung für das Vorgehen der israelischen Armee in Gaza tragen. An Geschmacklosigkeit ist dieses Verhalten kaum noch zu überbieten. Die Worte des palästinensischen Studenten Ihab Hassan auf X sprechen uns aus der Seele: »Diese Orte sollen dazu dienen, den Opfern des tragischsten Geschehnisses in der Geschichte zu gedenken, nicht als Orte politischen Protestes!«

Natürlich ist die Beschäftigung mit historischen Entwicklungen wichtig, um heutige Geschehnisse zu verstehen. Des Weiteren gehört eine Anerkennung unterschiedlicher Narrative zu einem Aussöhnungsprozess dazu. Momentan befinden wir uns aber weit von jeder Aussöhnung entfernt – momentan gilt es, das Ende eines brutalen Krieges herbeizuführen, in die Zukunft zu schauen und zu überlegen, wie eine gerechte Lösung eines hundertjährigen Konfliktes erreicht werden kann. Dafür müssen gewisse Tatsachen akzeptiert werden, am zentralsten: Palästinenser*innen und Israelis leben zwischen Jordanfluss und Mittelmeer. Beide Völker haben ein Existenzrecht.

Wie geht es euch, wenn ihr seht, wie der palästinensisch-israelische Konflikt im Straßenbild ausgetragen wird?

Shai

Auf den Straßen Berlins findet ein Stellvertreterkrieg statt. In Kreuzberg kann man Graffiti-Schlachten beobachten, Slogans werden gesprüht und wieder überdeckt, Plakate abgerissen. Man sieht viele palästinensische Flaggen. Neulich in Frankfurt habe ich plötzlich eine israelische von einem Balkon hängen sehen. Die gibt es sonst nur vor Rathäusern oder dem Bundestag. Ich halte überhaupt nichts von Flaggenkulten, aber ich glaube, viele Juden*Jüdinnen und Israelis würden sich auch nicht trauen, eine rauszuhängen. Deswegen habe ich noch mal hingeguckt, ob die Flagge nicht mit Farbe beworfen worden war oder so. Und dann stellt sich auch die Frage: Wer hängt so eine Flagge überhaupt auf? Viele Rechte oder Antideutsche[ᛯ] solidarisieren sich mit Israel, um ihre eigene muslimfeindliche Agenda voranzutreiben.

Ich kann von mir selbst sagen, dass ich ziemlich an mir arbeiten musste, um meine Vorurteile gegen Träger des Palästinensertuches abzulegen. Früher hätte ich die

ᛯ »Antideutsche« gehören zu einer linksradikalen Gruppierung, die sich gegen deutschen Nationalismus richtet und gleichzeitig israelsolidarisch agiert.

Person sofort abgestempelt. Die Kufiya hat Unbehagen bei mir ausgelöst, ich habe mich sofort gefragt: Hasst diese Person Juden und Jüdinnen?

Neulich fuhr ich in einem Taxi, dessen Fahrerin einen Hijab trug. Da habe ich mich auch ertappt und mich gefragt, ob sie mir gegenüber wohl feindlich eingestellt ist. Dann gab ich mir einen Ruck und erzählte von unseren Bildungsvideos. Ich hatte Angst, dass sie nicht empathisch sein würde, dass ich mich ihr erklären müsste. Aber so war es nicht. Ja, sie war kritisch Israel gegenüber. Aber am Ende sagte sie: »Vielen Dank für deine wichtige Arbeit.«

Schlimm finde ich, dass auch im Straßenbild das Leid des anderen ausradiert wird. Plakate, die die israelischen Geiseln zeigten, wurden von Anfang an runtergerissen. Graffito, die palästinensisches Leid thematisieren, werden übermalt. Das macht mich traurig.

Jouanna

Flaggen und andere nationale Symbole sprechen mich nicht an. Dazu bin ich mir der Gefahr von Nationalismus viel zu bewusst. Ich finde Flaggen geradezu abstoßend. Ich glaube, dass die Symbole – etwa die Palästinaflagge im Instagramprofil – oft benutzt werden, um eine Haltung zu signalisieren, um eine Positionierung vorzunehmen, ohne ansonsten aktiv irgendetwas zu tun. Dabei muss ich zugeben, dass ich selbst eine palästinensische Flagge im Profil habe – und dazu ein Peace-Symbol. Früher stand auch die deutsche Flagge daneben, aber momentan hadere ich mit diesem Teil meiner Identität. Eigentlich möchte ich auch die palästinensische löschen, aber gerade jetzt, wo palästinensisches Leben so gefährdet ist, kann ich das nicht.

Deutsche, die die Palästinaflagge nutzen – ja, das ist Solidarität, und es gibt bestimmt viele, die sich darüber freuen. Für mich zählen aber Taten mehr als Worte – oder Emojis. Erst recht, wenn ich befürchten muss, dass die Solidarität aus dem Wunsch geboren sein könnte, in Juden*Jüdinnen endlich einmal etwas anderes als Holocaust-Opfer sehen zu können.

Wenn aber Symbole palästinensischer Identität verboten und stigmatisiert werden oder als per se antisemitisch dargestellt werden, weckt das meinen Kampfgeist. Ja, in den letzten Monaten war ich tatsächlich drauf und dran, mir eine Kufiya umzuhängen. Und ich befürchte, dass ich dann sofort in eine Schublade gesteckt würde.

Shai

Die Symbolik, die bei propalästinensischen Protesten teilweise benutzt wird, finde ich äußerst erschreckend. Bei der Besetzung der Humboldt-Universität wurde das rote Dreieck an die Wände gesprüht. Das ist Propagandavideos der Hamas entlehnt, in denen die Dreiecke wie in einem Shooter-Spiel Ziele markieren, israelische Panzer zum Beispiel, die dann in die Luft gejagt werden ...[60]

Jouanna

Protest ist ja legitim und typischerweise auch laut und unbequem, um Aufmerksamkeit zu generieren. Aber diese Art, Menschen und Institutionen zu markieren, ist gewaltverherrlichend und wird von den Betroffenen zu Recht als Bedrohung empfunden. Ich sehe nicht, wie das den Menschen in Gaza hilft.

Was wünscht ihr euch von der deutschen Regierung und der Mehrheitsgesellschaft?

Jouanna

Ich wünsche mir, als Palästinenserin gesehen und anerkannt zu werden. Wenn den Menschen in Israel Mitgefühl entgegengebracht wird, wünsche ich mir, dass auch die palästinensische Bevölkerung einbezogen wird. In einer Videobotschaft zum Ramadan hat Olaf Scholz sich für einen Waffenstillstand ausgesprochen und dabei die unschuldig Getöteten in Gaza direkt angesprochen und Empathie gezeigt. Das hat viele Palästinenser*innen in meinem Umfeld gefreut.

Von der Mehrheitsgesellschaft und Nichtbetroffenen wünsche ich mir mehr Sensibilität und Verständnis.

Shai

Ich wünsche mir, dass die deutsche Regierung sich für unveräußerliche Menschenrechte einsetzt. Ja, Israels Sicherheit ist wichtig, und Deutschland sollte dafür einstehen. Und gleichzeitig: Wenn es um eine so ultranationalistische, religiöse und in Teilen faschistische Regierung geht wie die, die momentan in Israel an der Macht ist, muss es eine Koppelung an Menschen- sowie demokratische Rechte geben. Wir müssen uns bewusst sein, dass Deutschland auch eine Verantwortung für die

Palästinenser*innen hat. Der Holocaust steht, jedenfalls verkürzt gesagt, in Verbindung mit der Gründung Israels und damit der Vertreibung der Palästinenser*innen. Da müssen wir doch eine Verantwortung erkennen! So oder so sollte Deutschland sich mit allen Konsequenzen für eine Zweistaatenlösung einsetzen. Aus meiner Sicht wäre es nur logisch, wenn Deutschland einen palästinensischen Staat anerkennt, damit es nicht bei Lippenbekenntnissen bleibt.

Gegenüber Juden*Jüdinnen wünsche ich mir, dass der Umgang der Mehrheitsgesellschaft mit uns weniger verkrampft wird. Ich wünsche mir, dass diverse jüdische Stimmen in all ihren komplexen Identitäten wahrgenommen und in politische Entscheidungsprozesse einbezogen werden.

Was wünscht ihr euch von euren eigenen Communitys?

Shai

Ich wünsche mir, dass Juden und Jüdinnen in Deutschland auch Selbstkritik üben und sich ihrer blinden Flecken gegenüber eigenen Vorurteilen, insbesondere gegenüber Muslim*innen, bewusst werden. Ich wünsche mir, dass sie verstehen, dass auch Juden*Jüdinnen Täter*innen sein können. Dafür braucht es Reflexionsfähigkeit und den Willen, lange gehegte Meinungen zu überdenken und vielleicht zu revidieren oder zumindest mehr Nuancen zu sehen – auch wenn dies ein schmerzhafter Prozess ist. Dann kann sich ein Empathiefenster öffnen, das zulässt, auch das Leid des anderen wahrzunehmen.

Jouanna

Dasselbe kann ich zu meiner Community sagen. Es steht nicht zur Debatte, dass Palästinenser*innen wie auch Juden*Jüdinnen von der Opfer-Historie ihrer Communitys geprägt sind – sie waren und sind Opfer schlimmer Gewalt und Erfahrungen. Aber die Opferhaltung hemmt dabei, aktiv zu werden. Ich wünsche mir von der palästinensischen Community, anzuerkennen, dass auch die palästinensische Führung Verantwortung trägt und dass Kompromissbereitschaft unabdingbar ist, um eine bessere Zukunft zu ermöglichen. Dabei vergesse ich nicht, dass sie nicht dieselbe Macht besitzen wie die israelische Führung.

Shai, was wünschst du dir von Palästinenser*innen in Deutschland?

Shai

Ich wünsche mir, dass Israels Existenzrecht nicht infrage gestellt wird. Ich wünsche mir, dass gesehen wird, dass es Juden*Jüdinnen gibt, die mit Palästinenser*innen solidarisch sind – und dass diese nicht als Feigenblätter benutzt werden, um menschenfeindliche Äußerungen zu entschuldigen.

Jouanna, was wünschst du dir von Juden*Jüdinnen in Deutschland?

Jouanna

Erkennt meine Existenz an. Seht mich als Menschen, so wie auch ich euch als Menschen sehe.

Fragen an die Lesenden

1. Wo und in welchem Zusammenhang begegnest du in Deutschland jüdischem Leben?
2. Wo und in welchem Zusammenhang begegnest du in Deutschland palästinensischem Leben?

7
Über Gaza sprechen

Seit mehr als einem halben Jahr beobachten wir den Krieg in Gaza mit Verzweiflung, Wut und Ohnmacht. Immer wieder gestatteten wir uns, auf ein Ende der Gewalt zu hoffen – mehrere Male schien ein Waffenstillstand zum Greifen nah. Doch während wir an diesem Buch arbeiten, wird diese Hoffnung immer wieder zerschlagen. Der Krieg bestimmt die internationalen Schlagzeilen, ruft Hunderttausende auf die Straßen, beschäftigt Politiker*innen und Machthaber*innen in aller Welt – aber er endet nicht. Seit Monaten gehen massive israelische Bombardierungen auf den Gazastreifen nieder, diese kleine palästinensische Enklave am Mittelmeer, die gerade einmal 40 Kilometer lang und an der weitesten Stelle zwölf Kilometer breit ist und doch über zwei Millionen Menschen beherbergt. Praktisch die gesamte Bevölkerung des Gazastreifens ist seit Beginn des Krieges, der durch den Überfall der in Gaza regierenden Hamas auf israelische Ortschaften in nächster Nähe ausgelöst wurde, zu Geflüchteten geworden. Dabei können die wenigsten das Kriegsgebiet verlassen, da die Grenzen von Israel und Ägypten weitestgehend geschlossen gehalten werden. Sie sind, wie die palästinensisch-deutsche

Autorin Joanna Osman es in Shais Podcast beschreibt, Flüchtlinge ohne Fluchtrouten. Das Resultat ist eine menschengemachte humanitäre Katastrophe, die durch die demografische Zusammensetzung der Bevölkerung von Gaza – fast 40 Prozent der Bevölkerung sind unter vierzehn Jahre alt – nur umso entsetzlicher wird. Zehntausende Tote, verwüstete Städte, zerstörte Infrastruktur, grassierende Krankheiten, Hunger, Menschen, die alles verloren haben. Irgendwo in dem Chaos israelische Geiseln, von denen niemand weiß, wie viele überhaupt noch leben. Und zwei asymmetrische Kriegsparteien, deren Interessen von allem anderen geleitet werden, als dem Schutz unschuldiger Leben.

Der Gazastreifen
Gaza ist ein schmaler, dicht besiedelter Küstenstreifen, der sich zwischen Mittelmeer, Israel und Ägypten über 360 km^2 erstreckt und damit nicht einmal halb so groß ist wie die deutsche Hauptstadt. Ein Großteil seiner 2,1 Millionen Einwohner*innen sind Nachkommen von Palästinenser*innen, die 1948 aus dem Gebiet des heutigen Israels in die Enklave vertrieben wurden. Bis 1967 lebten sie unter ägyptischer Herrschaft, dann wurde das Gebiet im Zuge des Sechstagekrieges von der israelischen Armee besetzt. Wie auch im Westjordanland entstanden in Gaza jüdische Siedlungen, die allerdings 2005 von Israel

geräumt wurden. Nach dem Abzug seiner Armee behielt Israel die Kontrolle über Gazas Land- und Seegrenzen – während die Südgrenze von Ägypten kontrolliert wurde. Die Macht in Gaza übernahm 2007, infolge eines kurzen Kampfes gegen die Fatah, die in den palästinensischen Parlamentswahlen von 2006 gewählte Hamas, nachdem eine Einheitsregierung im Westjordanland gescheitert war. Seitdem haben keine Wahlen mehr stattgefunden. Israel verweigerte jegliche Zusammenarbeit mit der Hamas und riegelte den Gazastreifen zunehmend ab. Gleichzeitig verstärkten die Hamas und andere bewaffnete Gruppen den Raketenbeschuss aus Gaza auf Israel. Seitdem eskalierte die Gewalt zwischen Israel und bewaffneten Gruppen in Gaza in unregelmäßigen Abständen. Leidtragende waren in erster Linie palästinensische Zivilist*innen, die seit 2008/09 immer wieder heftigen Bombardements der israelischen Luftwaffe ausgesetzt waren, und, in geringerem Ausmaß, die israelischen Bewohner*innen der an den Gazastreifen angrenzenden Ortschaften.[61] Dem bis dato schlimmsten Kriegen 2008/09 und 2014 fielen insgesamt mehr als 4000 Palästinenser*innen zum Opfer,[62] darunter viele Zivilist*innen. Auf israelischer Seite waren es unter hundert Opfer, darunter wenige Zivilist*innen. Die Gewalt des derzeitigen Krieges mit fast 40000 getöteten Palästinenser*innen in Gaza (Stand Juni 2024) stellt eine völlig neue Dimension dar - schon im Januar war er nach Berechnungen der Menschenrechtsorganisation Oxfam der Konflikt des 21. Jahrhunderts mit der höchsten täglichen Todesrate.[♓][63]

♓ Oxfam verglich den Krieg in Gaza im Januar 2024 mit denen in Afghanistan, Irak, Syrien, Sudan, Ukraine und Jemen. Andere Konflikte wie z. B. der Bürgerkrieg in Sri Lanka, wurden nicht berücksichtigt.

Shai, woran denkst du, wenn du »Gaza« hörst?

Der Gazastreifen war – und ist – eine Art Blackbox für mich. Ins Westjordanland konnte ich reisen, um mir ein Bild davon zu machen, wie Palästinenser*innen dort leben; zu Gaza haben Journalist*innen und ausländische Besucher*innen jedoch schon seit Jahren so gut wie keinen Zugang. Aus meiner und aus israelischer Perspektive war Gaza vor dem 7. Oktober so fern und fremd, dass es im Bewusstsein kaum existierte – jedenfalls in keinem anderen Kontext außer als Ausgangsort sporadischer Raketenangriffe, auf die man, besonders in den vom Gazastreifen entfernteren und vom Abwehrsystem Iron Dome geschützten Orten, ungefähr so reagierte wie auf ein Unwetter: Man nahm sie als unabwendbar hin. Ich – und das gilt wohl auch für die meisten Israelis – wusste nicht, wie die Menschen in Gaza leben, was dort passiert. Mir war klar, dort regiert die Hamas, dort kann und darf ich nicht hin.

Jouanna

Für mich ist Gaza nie fern gewesen – nicht ferner als andere Teile Palästinas, auch wenn ich den Gazastreifen im Gegensatz zur Westbank nicht selbst bereisen konnte. Und seitdem ich mich mit politischen Lösungen für den Konflikt auseinandersetze, frage ich mich: Wie soll das eigentlich mit Gaza gehen? Wie funktioniert eine Zweistaatenlösung mit Gaza als abgetrennter Enklave? Jetzt, mitten in diesem schrecklichen Krieg, sind wir so weit davon entfernt, darüber überhaupt nachzudenken. Aber genau diese Gegebenheiten müssen ja bedacht werden, wenn über die Zukunft gesprochen wird.

Ich habe palästinensische Freund*innen aus Gaza, die hier in Deutschland leben, insofern kenne ich Gaza aus ihren Erzählungen. Wir Palästinenser*innen sagen: Gazaner*innen sind stur und nicht unterzukriegen. Vielleicht haben ihre schwierigen Lebensumstände sie so gemacht.

Aber natürlich habe ich keine eigenen Eindrücke von Gaza. Und ich werde sie niemals bekommen, denn das Gaza aus den Erzählungen meiner Freund*innen gibt es nicht mehr. Das schöne Gaza, das mit blauem Himmel und türkisem Meer und Kaktusfrüchten und Erdbeerfeldern. Gaza, das heißt jetzt Ruinen, Feuer und Tod.

Shai

Ich kannte auch vor dem Krieg eigentlich nur Bilder von Gaza als riesige Slums. Ich habe immer nur Bilder von Ruinen gesehen, wenn es wieder einen Krieg gab. Ein anderes Bild von Gaza, inklusive moderner und schöner Wohnblocks, habe ich überhaupt erst nach dem 7. Oktober zu Gesicht bekommen.

Jouanna
Ja, es gab auch wohlhabende Gazaner*innen. Ein Großteil der Bevölkerung hat vor dem Krieg aber tatsächlich in slumartigen Zuständen gelebt. Die 1948 nach Gaza geflohenen Palästinenser*innen und ihre Nachfahren lebten ja weiterhin in Flüchtlingslagern innerhalb von Gaza. Da wird ein Zustand perpetuiert: Menschen bleiben über Generationen im Flüchtlingslager und schaffen es nicht, ihre Situation zu verbessern. Das hat einerseits ökonomische Gründe, andererseits ist es aber auch ein politisch gewollter Zustand.

Unabhängig vom Wohlstand waren alle Bewohner*innen Gazas in ihrer Bewegungsfreiheit eingeschränkt, denn die Kontrolle über die Grenzen besitzen Israel und Ägypten. Auch wenn man schon früher mit Geld Ausreisegenehmigungen beschaffen konnte, war der Zugang dazu immer Willkür und Unvorhersehbarkeit unterworfen. Die Ausreise, zum Beispiel für krebskranke Patient*innen, für die es in Gaza keine Behandlungsmöglichkeiten gab, musste in einem monatelangen Prozess beantragt werden und konnte noch in letzter Sekunde, am Grenzübergang, verwehrt werden.

Shai, wann wurde dir klar, dass dieser Krieg anders ist als die davor?

Nach dem 7. Oktober war ich in Gedanken sehr bei meiner Familie und den Geschehnissen in Israel. Dennoch war mir klar, dass die Auswirkungen für die Menschen in Gaza schrecklich sein würden. »Israel wird mit aller militärischen Härte zuschlagen«, schrieb ich noch am 7. Oktober in einem Post, in dem ich betete, dass Zivilist*innen verschont bleiben mögen, obwohl ich doch gar nicht gläubig bin. Meine Gebete, wie die von so vielen anderen Menschen in der Region, wurden offensichtlich nicht erhört.

Der erste Vorfall, der meine Aufmerksamkeit wirklich nach Gaza lenkte, war die Explosion auf dem Parkplatz des Al-Ahli-Krankenhaus in Gaza-Stadt am 17. Oktober 2023, bei dem mindestens hundert Menschen getötet wurden. Auch wenn bis heute unklar ist, wer die Explosion verursacht hat – die Menschenrechtsorganisation Human Rights Watch hält es für wahrscheinlich, dass es sich um eine fehlgeleitete Rakete palästinensischer bewaffneter Gruppen handelte[64] –, machte es mir klar, dass es keinen sicheren Ort für Zivilist*innen in Gaza gibt. Seitdem sind wiederholt Krankenhäuser, Schulen und andere Orte, an denen vulnerable Gruppen sich zusammenfinden, angegriffen worden. Die Vorstellung, wie die Menschen dort seit Monaten leben, ist schwer erträglich. Die immerwährende Angst, das Dröhnen der Bombardements, der Verlust der Wohnungen. Wo bekommen sie etwas zu essen, wohin können sie noch fliehen?

Ich bin sehr dankbar, dass ich so etwas nicht erleben muss, und fühle mich gleichzeitig verantwortlich, irgendetwas zu tun.

Jouanna

Mit meiner Organisation Transaidency führte ich 2021 ein Hilfsprojekt für Menschen in Gaza durch. Über persönliche Kontakte hatte ich einen jungen Arzt kennengelernt, dessen Familie in Gaza mehrere medizinische Zentren betrieb. Wir sammelten Spenden, um Patient*innen eine Chemotherapie zu finanzieren. Da ich damals in engem Austausch mit meinen Ansprechpartner*innen vor Ort stand – mit Rami, dem Arzt, und Iman, der Gesundheitsmanagerin –, entwickelte sich eine freundschaftliche Beziehung zu ihnen. Deswegen war ich mit meinen Gedanken bei ihnen, als der Krieg in Gaza begann. Ab dem 11. Oktober schickten sie mir, sooft es ging Nachrichten – Strom und Empfang gab es ja nur sporadisch. Jeder Tag, an dem keine Nachricht kam, war mit schrecklicher Sorge verbunden. Und wenn es wieder ein Lebenszeichen gab, folgte große Erleichterung, die aber nie lange anhielt. In den Audionachrichten, die ich bekam, war im Hintergrund immer das Surren der Kampfdrohnen zu hören. Der Schrecken offenbarte sich in den kurzen Sätzen, die Rami mir schickte:

3. Dezember: »Wir sind von Tod umgeben.«

9. Dezember: »Ich lebe noch.«

22. Dezember: »Wir leben.«

Neben diesem indirekten Miterleben des Krieges durch meine Kontakte in Gaza habe ich am Anfang sehr viele Videos und Bilder gesehen. Aber mittlerweile halte ich das nicht mehr aus. Meine Resilienz hat stark abgenommen, und ich muss mit den Tränen kämpfen, wenn ich nur darüber rede, weil die Bilder in meinem Kopf mich bis in meine Träume verfolgen. Zerstückelte Kinder. Weinende Kinder, die blutverschmiert in Krankenhäusern nach ihren Eltern suchen. Menschen, die kein Zuhause mehr haben und in überfüllten Krankenhausfluren schlafen. Das geht mir besonders nah, denn auch ich habe in Krankenhäusern Schutz suchen müssen, als ich ein Kind war.

Einer meiner Kontakte, ein junger Mann mit schwangerer Ehefrau, schickte mir im November folgende Nachricht: »Mein Baby soll in zwei Wochen zur Welt kommen. [...] Wenn ich es verhindern könnte, würde ich meinen Sohn nicht in diese hässliche Welt bringen, in der er Bomben statt Vögel hören und Blut und Schießpulver statt frischer Luft riechen wird.«

Wir schweigen.

Shai

Ich habe viel mit mir gerungen und mir moralische Fragen gestellt. Was ist Selbstverteidigung? Welches Vorgehen ist gerechtfertigt? Wie umgehen mit religiösen Fundamentalisten, deren oberstes Ziel es ist, das historische

Palästina zu befreien, und die dafür nicht davor zurückscheuen, auch ihr eigenes Volk in Geiselhaft zu nehmen? Ist es gerechtfertigt, ein ganzes Krankenhaus zu bombardieren, wenn es irgendwo unter ihm Tunnel gibt, die für den Kampf genutzt werden? Und das alles in einem extrem dicht besiedelten Gebiet? Mir fällt es schwer, da eine eindeutige Antwort zu geben. Eines kann ich aber sicher sagen: Zivilist*innen müssen ganz anders geschützt werden, als es in diesem Krieg der Fall ist. Selbst wenn sich die Hamas hinter Zivilist*innen versteckt, ist das keine Rechtfertigung dafür, wahllos durch die Zivilist*innen auf sie zu schießen. Ein Kriegsverbrechen rechtfertigt kein anderes.

Ich habe mir am Anfang schreckliche Bilder aus Gaza angeschaut. Wie Menschen durch Ruinen klettern und mit bloßen Händen unter riesigen zersplitterten Quadern nach ihren Liebsten graben, in absoluter Verzweiflung nach Überlebenden suchen.

Gleichzeitig hatte ich auch die Bilder vor Augen, wie eine blutverschmierte junge israelische Soldatin am 7. Oktober in Gaza aus einem Jeep gezerrt wird.

Inzwischen schaue ich mir solche Bilder nicht mehr an. Es reicht zu sehen, wie verzweifelte Menschen sich um die Hilfslieferungen scharen, es reicht, die Berichte von Hilfsorganisationen zu lesen, um zu verstehen, wie schwerwiegend die Situation ist. Wenn ich dann erfahre, dass rechtsextreme Israelis der Gruppe »Tsav 9« versuchen, die Hilfslieferungen mit zum Teil gewaltsamen Straßensperrungen aufzuhalten, bin ich nur noch angewidert.

In meine Bewertung der israelischen Kriegshandlungen fließt mein Wissen über den Charakter der derzeitigen israelischen Regierung ein. Regierungsangehörige benutzen genozidale Sprache, propagieren die Zerstörung des Gazastreifens. Und doch ertappe ich mich dabei, wie schwer es mir fällt, dieser Realität ins Auge zu sehen. Irgendeine Ecke meines Verstandes und meines Herzens will es nicht zulassen, zu glauben, dass höchste Repräsentanten Israels gerade Palästinenser*innen auszulöschen versuchen.

Jouanna, kennst du dieses Gefühl? Etwas nicht wahrhaben zu wollen?

Mit Bezug auf die Hamas nicht. Da habe ich gar keine Zweifel, was ihren Vernichtungswillen angeht. Aber wenn wir bei gewöhnlichen Palästinenser*innen sind, die in dehumanisierender Weise über Israelis und Juden*Jüdinnen sprechen, dann fühle ich mich zwiegespalten, dann möchte ich auch nicht denken, dass dies ihre wahren Gefühle sind. Dann frage ich mich, wie viel Möglichkeit sie überhaupt hatten, ihre Ansichten zu reflektieren, sich ein anderes Bild von Juden*Jüdinnen zu machen denn als Besatzer*innen und Unterdrücker*innen.

Shai

Für mich ist es wahnsinnig schwierig, Bilder von israelischen Soldaten zu sehen, die die Zerstörung in Gaza betreiben und feiern. Wie lässt sich das damit vereinen, dass ich selbst (ehemalige) Soldat*innen kenne, dass ich sie als Freund*innen und Familienmitglieder schätze? Wir sehen hier die Dynamik aller Kriege, deren inhärentes Wesen darauf basiert, junge, testosterongeladene Männer auf einen Feind loszulassen, mit dem sie theoretisch machen können, was sie wollen. Diese Männer werden von ihren Regierungen instrumentalisiert, indem ihre Angst befeuert und in Gewalt umgeleitet wird. Wenn unter diesen Männern dann auch noch mehr oder weniger viele sind, die die gegnerische Seite schon seit Jahren entmenschlichen, die nationalistischen und fundamentalistischen Strömungen angehören, sind Kriegsverbrechen schon fast vorprogrammiert. Bei dem, was Freigelassene und Whistleblower aus dem Militärgefangenenlager Sde Teiman in Südisrael über Folter und unmenschliche Behandlung berichten, die von physischer Gewalt und sexuellen Übergriffen bis zu ständig verbundenen Augen, der Verweigerung von Toilettenpapier und sauberer Kleidung bis hin zu Schlafentzug und Hundeattacken reichen, dreht sich mir der Magen um.[65]

In diesem Zusammenhang kommt man nicht umhin, auf die Bedeutung der israelischen Besatzung im Hinblick auf eine Entmenschlichung der Palästinenser*innen hinzuweisen. Die Soldat*innen, die in der Area C des Westjordanlands[⁂] dienen – viele davon übrigens selbst wohnhaft in den jüdischen Siedlungen im besetzten Gebiet – üben tagtäglich Gewalt über Palästinenser*innen aus, die der Willkür des Armeeapparats kaum etwas entgegensetzen können. Dass Armeepatrouillen das Leben in den palästinensischen Dörfern jederzeit auf den Kopf stellen können, habe ich selbst miterlebt. Um die Besatzung aufrechtzuerhalten, um Menschen in dieses System

---

⁂ Mit den Osloer Friedensabkommen wurde das besetzte Westjordanland in drei nicht zusammenhängende Gebiete, die Areas A, B und C, aufgeteilt, in denen Israel und die Palästinensische Autonomiebehörde unterschiedliche Kompetenzen haben. Area C ist das Gebiet, in dem Israel die komplette militärische und administrative Kontrolle behält. Sie macht etwa 60 Prozent der Westbank aus, dort leben aber nur etwa zehn Prozent der palästinensischen Bevölkerung – und mehr als 600 000 jüdische Siedler*innen.

der Kontrollen, Checkpoints, überbordender Bürokratie und Überwachung zu pferchen, muss der israelische Soldat oder die israelische Soldatin sich von der Menschlichkeit der Besetzten distanzieren, weil diese Unterdrückung sonst gar nicht möglich wäre.

Gleichzeitig sind natürlich auch im Westjordanland bewaffnete palästinensische Gruppen tätig, das darf man nicht vergessen. Das betont wiederum die israelische Regierung, die den jüdischen Siedlungsbau im Westjordanland als zentrales Ziel sieht und offen gegen eine Zweistaatenlösung agiert.

Dann sehe ich die Zerstörung in Gaza und verzweifle, wenn ich höre, dass die Menschen, die nach Rafah geflohen sind, wieder vertrieben werden. Und doch bin ich davon überzeugt, dass die Mehrheit der Israelis nicht dahinterstehen würde, wenn eine Wiederbesiedlung des Gazastreifens durch fundamentalistische Juden*Jüdinnen angestrebt würde, wie es einige Regierungsmitglieder propagieren. Ich wünsche mir, dass die Diskrepanz zwischen der Regierung Netanyahu und der israelischen Bevölkerung, in der er immens an Rückhalt verloren hat, nicht aus dem Blick gerät.

Wobei ich weiß, dass leider ein Großteil der Israelis nicht gegen den Krieg ist. In einer Umfrage des Pew Research Center von Ende Mai 2024 fanden nur 19 Prozent, dass Israels militärische Antwort auf den Anschlag der Hamas »zu weit« gegangen sei.[66] Und unter den Palästinenser*innen ist die Unterstützung für die Hamas ungebrochen. Dreiundsiebzig Prozent der Palästinenser*innen im Westjordanland und 57 Prozent in Gaza hielten auch im Juni 2024 den Anschlag vom 7. Oktober für richtig.[67] Solche Zahlen frustrieren und desillusionieren mich. Sie machen es sehr schwierig, sich an Hoffnungsschimmern festzuklammern.

Jouanna

Für mich ist schon sehr lange deutlich, dass Israel diesen Krieg nicht führt, um die israelischen Geiseln zu retten. Ich finde es zynisch, wenn behauptet wird, der Krieg werde gegen die Hamas geführt – der Krieg wird auch gegen die palästinensische Zivilbevölkerung geführt.

Ich habe ja aus erster Hand von einigen dieser Zivilist*innen erfahren, was sie durchgemacht haben.

Irgendwann wurde mir klar, dass ich nicht länger tatenlos bleiben kann. Ich wollte Menschen aus Gaza helfen. Um ehrlich zu sein, hatten wir von Transaidency schon seit Wochen überlegt, wie wir aktiv werden könnten – aber wir hatten Angst, dass unsere Hilfe für Gaza als einseitige Parteinahme ausgelegt und genutzt werden würde, um uns zu diskreditieren. Traurig, dass uns diese Überlegungen so beschäftigten, obwohl es uns doch darum ging, Zivilist*innen in einem Kriegsgebiet zu unterstützen. Wir haben das ja auch schon in anderen Regionen gemacht, in die wir persönliche Kontakte haben: in der Türkei nach dem Erdbeben, in Syrien und im Jemen etwa. Am 14. Januar starteten wir schließlich unseren Spendenaufruf und konnten mit Hilfe der gesammelten Gelder zehn Familien unter die Arme greifen, denen es gelungen war, nach Ägypten zu flüchten. Wir hatten sie mithilfe unserer

Kontakte in Gaza nach ihrer Bedürftigkeit ausgesucht und trafen sie in Kairo, um die Spenden zu übergeben. Nachdem ich sie so lange Zeit nur über Nachrichten und Videocalls gekannt hatte, traf ich dort auch Rami und Iman zum ersten Mal persönlich. Auch sie hatten es geschafft, die Grenze nach Ägypten zu überqueren, nachdem sie von Station zu Station durch Gaza geflohen waren. Aber es war herzzerbrechend und beschämend, sie in Kairo zu sehen, denn sie hatten wirklich alles verloren. Die Flucht nach Ägypten steht nur denjenigen offen, die horrende Bestechungsgelder von vielen Tausend Dollar zahlen können, um den Grenzübergang in Rafah zu benutzen. Da machen gerade korrupte Menschen sehr, sehr viel Geld. Mein Großvater hat immer gesagt: »Im Krieg errichten manche Menschen Grabstätten und andere Schlösser.« Das sehen wir auch hier.

Offiziell gibt es in Ägypten gar keine Geflüchteten aus Gaza, obwohl ihre Zahl auf mehrere Zehntausend geschätzt wird. Sie erhalten weder Asyl noch irgendeine Art von offizieller Unterstützung, sind also völlig auf sich gestellt. Im Gegenteil, jedem Versuch, Hilfsprojekte für die Geflüchteten aus Gaza zu starten, werden Steine in den Weg gelegt. Die offizielle Position der Ägypter ist, dass sie ihre Grenzen nicht öffnen, um der Vertreibung der Palästinenser*innen keinen Vorschub zu leisten. Die Angst, nicht mehr zurückkehren zu können, ist natürlich nicht unbegründet – es ist ja 1948 und 1967 genauso passiert. Und die israelischen Politiker*innen, die eine weitere Vertreibung propagieren, sind laut und deutlich zu hören. Trotzdem ist es menschenverachtend, Zivilist*innen die

Flucht zu verwehren – Menschen müssen das Recht haben zu fliehen, keiner darf dazu verpflichtet sein, sich Tod und Verderben auszusetzen, weil damit eine politische Message gesendet werden soll. Und natürlich ist fraglich, ob es Ägypten überhaupt um die palästinensische Sache geht. Wahrscheinlich wollen sie einfach nicht für Hunderttausende Geflüchtete verantwortlich sein.

Gibt es auch nur ein Land auf der Welt, das bereitwillig Geflüchtete aus Gaza aufnimmt? Ich sehe keins. Einer unserer Klienten, der in Deutschland Asyl beantragt hat, bemüht sich mit allen Kräften, seine Frau und Kinder hierherzuholen. Vergeblich. Und das, obwohl jeder Mensch in Gaza jeden Tag in Lebensgefahr schwebt. Die Asylanträge von Gazaner*innen sind ausgesetzt, damit sie ihre Familien nicht nachholen können. Auch das ist menschenverachtend und beschämend.

Und sosehr ich es auch will, ich weiß nicht, was ich noch für die Menschen aus Gaza tun kann. Ich bin am Ende meiner Kräfte. Ich fühle mich ganz und gar ohnmächtig.

Iman aus Deir al Balah

Einer von Jouannas engsten Kontakten aus Gaza ist Iman, eine tatkräftige Frau von Mitte fünfzig, die sich seit Jahren für bedürftige krebskranke Patientinnen in der Enklave einsetzt. Ihre erwachsene Tochter lebt in Ägypten, und auch ihr Mann hielt sich bei Ausbruch des Krieges dort auf. Iman stammt aus Deir al Balah im Zentrum des Gazastreifens, wo ihre Familie schon vor 1948 lebte – sie gehört also der kleinen Gruppe der ursprünglichen Gazaner*innen an. Mit den Bombardierungen durch die israelische Armee begann für Iman und ihren 26 Jahre alten Sohn Ahmed eine Odyssee per Taxi und Eselskarren durch den Gazastreifen, während der sie sechs Mal ihren Aufenthaltsort wechselten – sicher fühlten sie sich nirgends. Obwohl sie Aufenthaltsgenehmigungen für Jordanien besaßen, wo Ahmed studiert hatte, gelang ihnen die Flucht über die ägyptische Grenze zunächst nicht – jungen Männern wurde die Ausreise verboten, aber Iman war um nichts in der Welt gewillt, Ahmed zurückzulassen. Stattdessen begann Iman über ihre Kontakte und Familienmitglieder, im Ausland Geld zusammenzukratzen, um die Ausreise mit Bestechungsgeldern zu ermöglichen. Sie hauste zu diesem Zeitpunkt mit vielen anderen Mitgliedern ihrer erweiterten Familie in einer Blechhütte in Rafah, in der auf einem Gaskocher Reis und Brot zubereitet wurden; viel anderes gab es nicht. Jedes Mal, wenn jemand die Hütte verließ, war es wie ein Abschied für immer – es gab keine Garantie, dass man lebendig zurückkommen würde. Von Bekannten erfuhr Iman, dass ihr Haus in Deir al Balah vollkommen zerstört worden war. Auf Videos, die in ihrer Straße aufgenommen wurden, ist kaum ein unbeschädigtes Gebäude zu sehen.

»Ich hatte Schwierigkeiten, Traum und Wirklichkeit zu unterscheiden«, erzählte sie Jouanna später in Kairo. »Ich konnte einfach nicht glauben, dass das mein Leben ist. Alles, was ich mir aufgebaut hatte, existierte nicht mehr. Es kam mir zu surreal vor, als dass ich es wirklich glauben konnte.«

Am 30. Januar gelang es Iman und Ahmed, den Gazastreifen zu verlassen, im Gepäck nur zwei Taschen mit zwei Sets Wechselwäsche, Handys und Imans Laptop. Wie die Palästinenser*innen von 1948 und 1967 gehören auch sie nun zu den Geflüchteten. Eine Rückkehr kann Iman sich nicht vorstellen.

Shai

Sosehr ich direkt nach dem 7. Oktober befürchtet habe, dass es zu einem schrecklichen Krieg kommt – das Ausmaß übersteigt alles, was ich mir vorgestellt habe. Nie hätte ich geglaubt, dass Hunderte von Geiseln nicht mehr sind als eine Verhandlungsmasse, deren Schicksal an das politische Überleben sowohl der Hamas als auch der israelischen Regierung geknüpft ist. Niemals hätte ich mit einem solchen Ausmaß an Zerstörung im Gazastreifen gerechnet. Schon Ende Januar 2024 sollen zwischen 50 und 60 Prozent der Gebäude zerstört oder beschädigt gewesen sein,[68] und Zehntausende Menschen trauern um ihre Ehefrauen, -männer, Kinder, Onkels, Tanten und Cousinen und Cousins. Ein unvorstellbarer Tsunami von Schmerz, Trauma und Leid überrollt die Gazaner*innen.

Jouanna

Mich hat das Ausmaß nicht überrascht. 2006 waren meine Geschwister, Nichten und Neffen zufällig im Südlibanon, als der Krieg mit Israel ausbrach.♓ Ich erlebte live am Telefon mit, wie die Bomben fielen. Dieses schreckliche Gefühl, wie ich die Raketeneinschläge hörte und die Verbindung plötzlich abbrach – ich saß in Deutschland und wusste nicht, ob meine Geschwister noch lebten oder nicht. Meine Mutter und ich waren krank vor Sorge und Angst. Die Zerstörungen waren so immens, dass man die Auswirkungen noch heute sehen kann. Innerhalb von vier Wochen waren 30 000 Wohnungen zerstört oder beschädigt,[69] auf libanesischer Seite mehr als tausend Menschen getötet worden, der Großteil davon Zivilist*innen.[70] Der direkte Auslöser für den Krieg war damals gewesen, dass die Hisbollah drei israelische Soldaten getötet und zwei

---

♓ Der Krieg wurde zwischen Israel und der radikal-islamistischen Hisbollah geführt, während die libanesische Armee sich im Wesentlichen heraushielt. Seit dem Rückzug der israelischen Armee aus dem Südlibanon im Jahr 2000 war es immer wieder zu bewaffneten Auseinandersetzungen zwischen den beiden Parteien gekommen, die zwischen dem 12. Juli und 14. August 2006 zu einem Krieg kulminierten.

weitere entführt hatte. Daran habe ich gedacht, als ich verstand, was am 7. Oktober geschehen war. Wenn die Reaktion auf zwei entführte Soldaten schon so gewaltig war, konnte ich mir ausrechnen, wie die Reaktion auf die vielen unschuldigen Opfer des 7. Oktobers aussehen würde.

Ich wünsche mir, dass wir hier in Deutschland das Leid der Menschen in Gaza anerkennen und entsprechend darüber reden: Dass wir die Menschlichkeit der Palästinenser*innen sehen. Genauso wünsche ich mir, dass auch das Leid der israelischen Geiseln gesehen wird – auch von den Menschen, die auf die unhaltbare Situation für die Zivilist*innen in Gaza aufmerksam machen.

Die deutschen Medien dürfen nicht nur die Position des israelischen Armeesprechers wiedergeben – ich sehe da einen riesigen Unterschied zu der ausländischen Berichterstattung.

Gleichzeitig muss ich mir eingestehen, dass ich es kaum aushalte, über die Machtstrukturen und die Gründe nachzudenken, warum der Krieg nicht gestoppt wird. Was sind das für Interessen, für die das Schicksal von Zivilist*innen völlig irrelevant sind? Ich schließe die Hamas dabei nicht aus. Ich frage mich immer wieder: Was muss noch geschehen, damit es aufhört?

Und weil ich das nicht beantworten kann, konzentriere ich mich auf die einzelnen Schicksale und rufe dazu auf, die Menschlichkeit der Opfer dieses Krieges zu sehen.

Von der deutschen Regierung wünsche ich mir allerdings, dass sie Netanjahu und seine Regierung klar verurteilen. Das hat nichts mit Israels Existenzrecht oder deutscher Verantwortung zu tun. Es geht darum, dass die israelische Regierung die beiden Völker in den Abgrund treibt. Da kann Deutschland doch nicht einfach zuschauen! Unsere Regierung muss Konsequenzen fordern und darf sich nicht mit Netanjahu gemeinmachen!

Shai

Da muss ich einhaken und sagen, dass mir in deiner Perspektive der Blick auf die Hamas fehlt. Soll Deutschland Israel, einmal angenommen, wir könnten es, so unter Druck setzen, dass Israel akzeptiert, den Krieg zu beenden, und die Hamas weiter als politische Kraft existiert? Es muss doch auch Druck auf die Hamas ausgeübt werden, dass sie sich zurückzieht.

Jouanna

Ja, da sehe ich Katar und die USA in der Verantwortung. Allerdings muss man auch sagen, dass eine Ideologie wie die der Hamas nicht mit militärischen Mitteln ausgelöscht werden kann.

Israel könnte den Krieg unilateral beenden – ob das bei der Hamas der Fall ist, bezweifele ich. Trotzdem sehe ich sie in der Pflicht, die Waffen niederzulegen, um wenigstens zu versuchen, die Kämpfe zu beenden. Ich habe aber keine Illusionen, dass das realistisch ist.

Shai
Mit der jetzigen israelischen Regierung ist tatsächlich nicht einzuschätzen, wann sie den Krieg beenden würde. Aber wenn die Hamas alle Geiseln freilassen würde, gäbe es zumindest eine Feuerpause. Und wenn der Krieg dann weitergeführt würde, hätte Israel den Rest internationaler Unterstützung endgültig verspielt.

Jouanna
Wir haben es mit komplett asymmetrisch verteilter militärischer Stärke zu tun.

Shai
Ich sehe es trotzdem komplexer als »Israel haut drauf, die Hamas hat keine Chance«. Schließlich hat der 7. Oktober gezeigt, wozu die Hamas in der Lage ist. Außerdem kämpfen sie ja immer noch, trotz sieben Monate Krieg gegen eine vermeintlich übermächtige Armee.

Jouanna
Ich wäre die Erste, die der Hamas sagen würde: Ihr habt euer Volk in den Abgrund gestürzt. Aber dafür übernehmen sie zum einen keine Verantwortung. Und das entbindet die israelische Regierung zum zweiten nicht von der Verantwortung für die von der israelischen Armee begangenen Kriegsverbrechen.

Shai
Die Hamas begeht natürlich auch Kriegsverbrechen, insbesondere, wenn sie in dicht besiedeltem Gebiet agiert und sich wissentlich hinter der Zivilbevölkerung verbarrikadiert. Aber die Frage, die mich umtreibt, ist: Wie kann der Krieg gestoppt werden? Einen vorübergehenden Waffenlieferungsstopp würde ich befürworten. Aber keinen permanenten. Israel hat ja Feinde wie den Iran, Libanon und Syrien – soll es denen ausgeliefert sein?

Jouanna
Auch der jetzigen rechtsextremen und in Teilen faschistischen israelischen Regierung sollen weiterhin Waffen geliefert werden?

Shai
Na ja, wenn der Iran sich entscheiden würde, Israel anzugreifen, dann frage ich erst mal nicht, welche Regierung gerade an der Macht ist, um zu entscheiden, ob Israel sich verteidigen darf.

Jouanna
Ich verstehe deine Argumentation. Aber als Pazifistin würde ich mir eigentlich wünschen, dass überhaupt niemand Waffen bekommt, und schon gar nicht, um Gaza weiter zu zerstören.

Shai

Ich frage mich, welchen Einfluss das internationale Recht und seine Institutionen haben? Gegen Netanjahu und den israelischen Verteidigungsminister Yoav Gallant sind Haftbefehle durch den Internationalen Strafgerichtshof beantragt worden, gleichzeitig auch für drei Führer der Hamas. Die mediale Diskussion, die dann geführt wurde, drehte sich fast ausschließlich um die Frage, ob es angemessen sei, dass demokratisch gewählte Repräsentanten mit der Hamas gleichgesetzt werden. Wieso eigentlich gleichgesetzt? Die Vorwürfe in der Anklageschrift unterscheiden sich. Solche Debatten sind Nebelkerzen, die dazu dienen, vom Inhalt der Vorwürfe abzulenken. Wenn es Beweise für Kriegsverbrechen gibt und die israelische Justiz dafür niemanden zur Rechenschaft zieht, ist es in meinen Augen gerechtfertigt, dass ein internationales Gremium das untersucht.

Das Gleiche gilt für die Untersuchungen des Internationalen Gerichtshofes.

Jouanna

Viele palästinensische Menschen haben das Gefühl, dass Menschenrechte für sie nicht gelten. Da haben solche Entscheidungen zumindest die Wirkung, Unrecht sichtbarer zu machen. Andererseits ist es ironisch, wenn die Hamas die Haftbefehle gegen die Israelis begrüßt, gleichzeitig aber gegen die eigenen wettert. Ich möchte, dass alle Kriegsverbrechen und Menschenrechtsverletzungen verfolgt werden. Damit richte ich mich nicht gegen ein bestimmtes Land.

Shai

Allerdings ist in meinen Augen wahr, dass Israel in internationalen Foren seit Langem Dämonisierung und Doppelstandards ausgesetzt ist, die eine Wagenburgmentalität begünstigen. Meiner Meinung nach hätten Israels westliche Verbündete sich in der Vergangenheit einerseits viel energischer gegen die Siedlungspolitik und Menschenrechtsverletzungen durch Israel aussprechen müssen, gleichzeitig aber auch vehement gegen Israels Ausgrenzung und öffentliche Dämonisierung durch andere Staaten und internationale Gremien vorgehen sollen.

Jouanna

Meine Frage ist, was all diese Resolutionen und Beschlüsse überhaupt bewirken. Haben sie den Palästinenser*innen in irgendeiner Weise geholfen? Bringen Aufrufe und Verurteilungen irgendetwas? Ich sehe viel zu wenig Wirkung.

Shai

Ich finde es wichtig, dass Expert*innen untersuchen und bewerten, ob Kriegsverbrechen stattfinden, ob genozidale Taten nachgewiesen werden können. Und ich denke schon, dass die Verfahren Druck auf Israel ausüben. Eine Untersuchung der Associated Press legt nahe, dass der Anteil von Frauen und Kindern, die in den letzten Monaten in Gaza getötet wurden, stark zurückgegangen ist im Vergleich zum Beginn des Krieges.[71] Das könnte auf den Druck aus den USA und die Untersuchungen der Gerichte zurückzuführen sein. Problematisch finde ich es, wenn juristische Begriffe wie Apartheid und Völkermord zu Kampfbegriffen werden. Sie werden von einer Seite völlig selbstverständlich als Tatsachenbehauptungen genutzt und im Gegenzug dann von der anderen Seite im gesellschaftlichen Diskurs tabuisiert oder gar kriminalisiert.

Jouanna

Kampfbegriffe behindern unsere Fähigkeit, konstruktiv in einen Dialog zu gehen. Es sind Buzzwords, die dazu dienen, sich zu positionieren. Unabhängig davon, ob sie juristisch zutreffen, können sie dafür sorgen, dass der Diskurs abgewürgt wird, bevor er überhaupt begonnen hat.

Shai

Maximalistische Positionen, die besonders laut, besonders schwarz-weiß sind, zielen darauf ab, einen Dialog zu verunmöglichen. Oder – selbst wenn ihre Verwendung nicht darauf abzielt, führen sie dazu, dass über die Begriffe gestritten wird, statt über die Umstände, die sie beschreiben. Es ist problematisch, wenn die Verwendung der Begriffe »Apartheid« oder »Genozid« auf Israel bezogen pauschal zu Antisemitismus erklärt wird. Jeder Staat und jedes Volk ist dazu im Stande, Verbrechen zu begehen, und wenn das der Fall ist, muss es benannt werden. Das können aber nicht Menschen ohne Expertise bewerten, sondern sollte von Wissenschaftler*innen wie etwa Genozid-Forschenden diskutiert werden.

Gleichzeitig muss ich gestehen, dass ich Angst davor habe, was der Internationale Gerichtshof entscheiden wird. Abgesehen davon, dass, egal wie das Urteil ausfällt, ihm sowieso nur von der Seite Bedeutung zugemessen werden wird, die mit ihm übereinstimmt, graust es mir davor, mir vorzustellen, wie die Reaktionen ausfallen werden, sollten Taten der israelischen Armee als genozidal verurteilt werden. Es wird dazu benutzt werden, Israelis zu entmenschlichen und sicherlich auch zu Holocaust-Relativierungen führen, ganz zu schweigen vom steigenden Hass gegenüber Juden und Jüdinnen weltweit.

Jouanna

Ich verstehe diese Angst, aber als Palästinenserin denke ich: Wenn das, was in Gaza passiert, ohne juristische Konsequenzen bleibt, was bedeutet das dann für uns? Welchen Wert haben wir als Menschen? Ich möchte, dass Verantwortliche zur Rechenschaft gezogen werden. Ich war neulich auf einem Konzert in einer Halle, in die 15 000 Menschen passen. Statt mich auf die Musik zu konzentrieren, dachte ich die ganze Zeit: Wenn hier doppelt so viele Menschen drin wären, wären es immer noch nicht so viele, wie in Gaza getötet wurden. Ich wünsche mir Gerechtigkeit. Auch wenn ich weiß, dass diese Menschen nicht zurückgeholt werden können. Genauso wenig wie die Opfer vom 7. Oktober.

Shai
Falls der Gerichtshof feststellt, dass kein Genozid stattgefunden hat, wird es Menschen geben, für die das eine Bestätigung ist, dass der Krieg »nicht so schlimm« war. Das ist völlig verrückt. Auch deshalb habe ich Schwierigkeiten mit dem Einsatz von Kampfbegriffen. Weil sie ein bisschen suggerieren, dass alles darunter »weniger schlimm« ist. Ich finde, der Tod von Tausenden, Zehntausenden Zivilist*innen ist inakzeptabel und unmenschlich – egal, wie er juristisch eingeordnet wird.

Wir schweigen. Diese Gespräche nehmen uns alle Kraft.

Der kleine Junge, der in Gaza im November das Licht der Welt erblickte und dessen Vater Jouanna noch vor seiner Geburt so voller Trauer von seiner Angst um seine Zukunft im Krieg berichtet hatte, lebt. Er konnte mit seinen Eltern nach Ägypten fliehen. Tausende von anderen Kindern in Gaza leben nicht mehr.

8
Über Israel und Palästina sprechen – Versuch einer Anleitung

Kinder und Jugendliche begegnen uns oft mit einem gewissen Erstaunen: Eine Palästinenserin und ein Jude treten gemeinsam auf? Das entspricht schon mal nicht ihren Erwartungen. Erwachsene – jedenfalls solche, die dem Gedanken des Dialogs offen gegenüberstehen – freuen sich eher darüber, durch uns ihren Wunsch bestätigt zu sehen: Aha, ein Reden ist möglich. Dabei ist es eigentlich gar nicht so erstaunlich, dass Shai Hoffmann und Jouanna Hassoun miteinander sprechen können. Schließlich verbinden uns gemeinsame Werte und ein über Jahre aufgebautes Vertrauensverhältnis.

Die eigentliche Herausforderung bei unseren Trialogen ist das Gespräch mit der dritten Spitze des Dreiecks: Den Schüler*innen, Pädagog*innen und allen anderen, mit denen wir zusammentreffen. Das ist nicht immer einfach. Nein, es ist oft sogar ziemlich schwer, denn wir begegnen konträren Meinungen, starken Gefühlen, Vorurteilen und teilweise auch Wertvorstellungen, die unseren widersprechen.

Befähigt fühlen wir uns zu diesen schwierigen Gesprächen, weil wir selbst lange Prozesse des Lernens und Reflektierens durchlaufen und eine Vielzahl von Begegnungsprojekten durchgeführt haben. Außerdem verspüren wir eine Dringlichkeit, konstruktiv auch über kontroverse Themen zu sprechen, gerade weil die tiefe gesellschaftliche Polarisierung dies zunehmend schwerer macht. Medien und Politik begünstigen Narrative, die auf dem Prinzip »Wir haben recht, die anderen nicht« beruhen, denn solche Narrative machen eine Orientierung und Positionierung einfach. Sie bedeuten aber auch, dass voneinander getrennte Diskurs-Gruppen (»Bubbles«) entstehen, die kaum noch Gemeinsamkeiten wahrnehmen. Dem stellen wir uns entgegen.

Hinzu kommt, dass das Gespräch, der Austausch und das Gehörtwerden menschliche Bedürfnisse sind, die viel zu oft vernachlässigt werden. Ein Gespräch muss nicht zwangsläufig ein Austausch unterschiedlicher Meinungen sein. Es kann auch dazu dienen, sich Dinge von der Seele zu reden und sich damit Erleichterung zu verschaffen. Diese Möglichkeit wollen wir gerade Jugendlichen geben, die oftmals Schwierigkeiten haben, sich mit ihren Gefühlen, Gedanken und Überforderungen an ihre Eltern oder Lehrer*innen zu wenden. Ein Gespräch kann in diesem Fall auch dazu dienen, vorzuleben, was es bedeutet, empathisch zu sein.

Gleichzeitig verspüren wir große Neugier, die Perspektiven und Sichtweisen anderer Menschen zu hören. Damit einher geht der Wunsch zu verstehen, wie Personen, die anderer Meinung sind als wir, zu ihren Schlüssen gekommen sind. Denn dieses Verstehen scheint uns der

Schlüssel dazu zu sein, festgefahrene Positionen aufzubrechen und unser Gegenüber für unsere Standpunkte zu öffnen.

Übrigens müssen Gespräche gar nicht immer mit anderen Menschen geführt werden. Selbstgespräche (nicht gerade laut und in Gegenwart nichtsahnender Passant*innen) sind Teil eines Reflexionsprozesses, der es uns ermöglicht, unsere Perspektiven zu hinterfragen und neue Denkansätze zu entwickeln. Solche Prozesse finden auch statt, wenn wir Bücher lesen, die uns bisher unbekannte Aspekte offenbaren, oder wenn wir unser Wissen vertiefen, indem wir Medien konsumieren, die unterschiedliche Sichtweisen beleuchten. Hier gilt genauso wie im Dialog mit anderen: Seid auch mit dem eigenen Ich offen und nachsichtig. Erlaubt euch, in alle Richtungen zu denken, aber habt dabei eure Vorurteile und Prägungen im Blick.

Schön wäre es, wenn wir eine perfekte Formel hätten, nach der jedes Gespräch gelingt und konstruktive Überlegungen aus jedem Dialog erwachsen könnten. Dem ist natürlich nicht so. Wir können nur von unseren eigenen Erfahrungen und Herangehensweisen berichten und sie als Ansatzpunkt für weitere Begegnungen und Gespräche anbieten – nicht nur mit Bezug auf Israel/Palästina sondern auf jede Art von emotional aufgeladenem, kontroversem Thema, von denen es in der gesellschaftlichen Debatte ja mehr als genug gibt.

Warum wird ein Gespräch geführt?

Bevor wir ein Gespräch zu kontroversen Themen führen, sollten wir uns fragen, was wir damit bezwecken. Mit welchen Erwartungen und Wünschen streben wir einen Dialog an? Suchen wir Trost und Verständnis? Möchten wir jemanden überzeugen? Gesehen werden? Wollen wir vielleicht beweisen, dass wir recht haben? Fühlen wir uns falsch verstanden? Geht es darum, Beziehungen zu kitten, die durch vorangegangene Gespräche (im Streit) beschädigt wurden? Vielleicht hat auch jemand anderes beschlossen, dass wir reden müssen, obwohl wir selbst das gar nicht wollen?

Gesprächsanlässe sind vielfältig. In jedem Fall ist es aber hilfreich, vorher zu reflektieren, warum wir sprechen wollen – und warum vielleicht nicht. Wenn wir uns über den Grund des Gesprächs klar werden, unterstützt uns das dabei, unsere Erwartungen zu kontrollieren. Der Wunsch, jemanden zu überzeugen, ist verständlich – nur sollten wir uns bewusst sein, wie realistisch oder unrealistisch er ist. Sich zu erlauben, in ein Gespräch zu gehen und das Bedürfnis des Überzeugens zunächst in den Hintergrund zu stellen, beugt Frustration vor und ermöglicht ein Zuhören, das nicht permanent mit der anstrengenden und aufreibenden Frage verbunden ist: »Wie entkräfte ich das jetzt bestmöglich?«

Mit wem wird das Gespräch geführt?

Wer wir sind und wie wir uns sehen, unsere Prägung, unsere sozialen Erfahrungen und unsere historischen und familiären Lasten haben einen Einfluss auf unsere Perspektiven und Standpunkte. Dass unser Schubladendenken in einer verwirrenden Welt auch Orientierung bietet und Ordnung stiftet, steht außer Frage. Die große Herausforderung besteht jedoch darin, die Fächer und Schubladen, mit denen wir unsere Weltanschauung sortieren, nicht in einen großen Rollcontainer zu schieben und abzuschließen, sondern die Schlüssel immer parat zu haben und bereit zu sein, die Schubladen wieder zu öffnen – und unter gewissen Umständen auch durchzuwühlen und neu zu sortieren.

Das Bewusstmachen der Genese eigener Standpunkte ist nicht nur für Gesprächsteilnehmende essenziell; auch diejenigen, die ein Gespräch moderieren, also zum Beispiel die Lehrkräfte oder Journalist*innen, sollten ihre eigenen Perspektiven hinterfragen. Jeder Mensch, der mit gegensätzlichen Meinungen konfrontiert wird, sollte zunächst seine eigenen Positionen und den Prozess, in dem sie sich gebildet haben, reflektieren. Es hilft, sich darüber bewusst zu sein, dass niemand vor Voreingenommenheit gefeit ist und das auch bei noch so gutem Willen Vorbehalte und Befangenheiten unser Denken prägen können.

Wenn Gespräche am Arbeitsplatz, in der Schule oder anderen hierarchisch aufgebauten Einrichtungen geführt werden, zwischen Vorgesetzten und Mitarbeitenden, Vermieter*innen und Mieter*innen oder jeder anderen Konstellation mit Machtgefälle, muss die Beziehung zwischen den Redenden mitgedacht werden. Werden in dieser Situation Gespräche angestrebt, sollten die Machtverhältnisse angesprochen und Vertraulichkeit vereinbart werden. Trotzdem ist klar, dass Machtstrukturen Befangenheiten bedingen, die nicht von der Hand zu weisen sind. Insbesondere Pädagog*innen sollten ihren Schüler*innen zeigen, dass sie sich über diese Rollenverteilung im Klaren sind.

In besonderem Maße ist in Gesprächen zu beachten, wie betroffen jemand von einer Situation, einem gesellschaftlichen Phänomen oder internationalen Entwicklungen ist. Es ist etwas ganz anderes, sich wissenschaftlich oder theoretisch mit etwas auseinanderzusetzen, als von erlebten Erfahrungen zu berichten. Das heißt nicht, dass Betroffene immer recht haben. Sie sind jedoch auf eine Art und Weise involviert, die mehr Sensibilität und Verständnis verlangt als die Ansichten Unbeteiligter, selbst wenn diese ein großes Mitteilungsbedürfnis zeigen.

Es ist fast naturgegeben, dass wir immer dann über etwas sprechen wollen, wenn eine akute Krise herrscht, wenn ein Thema die Schlagzeilen dominiert – ob das immer der beste Zeitpunkt ist, sei allerdings dahingestellt. Insbesondere Betroffene haben das Recht, sich einem Gespräch zu verweigern. Nicht von allem und zu jedem Anlass muss man zwei Seiten sehen oder zwei Positionen bedienen, schon gar nicht, wenn Gesprächsbeteiligte um

Angehörige bangen oder durch Gespräche alte Traumata aufgebrochen werden.

Ohnehin ist es legitim, an einem Gespräch kein Interesse zu haben, aus welchen Gründen auch immer. Zu Beginn unserer Trialoge machen wir den Jugendlichen, die wir treffen, stets deutlich: Niemand muss hier sein. Geht und genießt eine Freistunde, wenn euch das lieber ist. Tatsächlich wird dieses Angebot aber nur selten angenommen.

Das Setting

Respektvolle Gespräche gelingen am besten in einer angenehmen, ungestörten Atmosphäre. Auf Schulklassen bezogen bedeutet das mindestens, Sitzordnungen aufzubrechen und mit Stuhlkreisen ein Gefühl der Offenheit und Zugewandtheit zu schaffen. Besser noch sind Zusammenkünfte in der Aula oder an einem stillen Ort in der Umgebung der Schule, an dem mehr Platz ist als in den engen Klassenräumen. Oftmals möchten Lehrkräfte, dass wir möglichst viele Schüler*innen gleichzeitig treffen – einem gelungenen Trialog ist das aber nur bedingt zuträglich. Insbesondere wenn mehrere Klassen zusammengelegt werden, die sich nicht gut kennen oder unterschiedlichen Altersstufen angehören, kommt es zu Befangenheit und einer Hemmung, ins Gespräch zu gehen.

Wenn es nach uns gehen würde, stünden den Schüler*innen Sofas und Kissen zur Verfügung, wenn sie uns zuhören. Mental belastende Themen könnten zumindest durch ein körperlich entspannendes Setting abgefedert werden. Dass die Realität an deutschen Schulen dem selten gerecht wird, dürfte niemanden verwundern.

Über die architektonischen Gegebenheiten hinaus ist es aber wichtig, einen bestimmten Rahmen zu schaffen, der den Dialog ermöglicht. Die Regeln können gemeinsam erarbeitet oder vorgegeben werden, in jedem Fall sollten sie klar und deutlich ausgesprochen werden, beispielsweise:

1. Wir begegnen einander mit Respekt.
2. Wir lassen andere aussprechen.
3. Wir beschimpfen und beleidigen nicht.
4. Wir sind uns bewusst, dass Sprechen Mut kostet, und würdigen deshalb jeden Beitrag.

Für uns ist es ein großer Vorteil, dass wir zu zweit unsere Trialoge durchführen. Wir geben einander Kraft und stärken uns gegenseitig den Rücken. Tatsächlich gehen wir oft so vor, dass gar nicht die Person antwortet, die angesprochen wurde oder von der eine Positionierung erwartet wird, sondern die andere. Das ist besonders dann wichtig, wenn wir angegriffen werden. So schützen wir uns davor, uns in emotionalisierte Schlagabtausche zu begeben. Es ermöglicht einer Person, einen Schritt zurückzugehen, ohne das Gespräch abzubrechen. Gleichzeitig bietet unser gemeinsames Auftreten den Gesprächspartner*innen auch größere Identifikationsfläche. Wer sich von Shai nicht verstanden fühlt, trifft vielleicht bei Jouanna auf offene Ohren und andersherum.

Zuhören und gehört werden

Wer in ein Gespräch geht, weil er oder sie überzeugen und recht haben will, befindet sich in einem Dilemma: Sollte das Gegenüber denselben Wunsch haben, aber mit konträren Meinungen aufwarten, ist der Dialog zum Scheitern verurteilt – im besten Fall kann er zum Streitgespräch werden, im schlimmeren zu gegenseitigem Anschreien mutieren.

Im Gegensatz zu dem Bedürfnis »Gib zu, dass ich recht habe«, kann der Wunsch »Hör mir zu« beidseitig befriedigt werden. In unserer Erfahrung ist es unser Zuhören und Nachfragen, das uns Offenheit und Vertrauen beschert. Wenn wir zugehört haben, können wir im Gegenzug erwarten, angehört zu werden.

In jedem Gespräch sollten wir der Möglichkeit offen gegenüberstehen, dass wir etwas erfahren könnten, was wir nicht wussten, und dass wir neue Steinchen für ein Mosaik erhalten, das die Realität oder ein Stück davon abbildet.

Dazu gehört, die Gleichwertigkeit des Gegenübers anzuerkennen. Nicht alle Argumente sind gleichwertig, sehr wohl aber alle Menschen. Ein Gespräch auf Augenhöhe bedeutet, dass wir nicht von vornherein arrogant davon ausgehen, dass wir etwas besser wissen als der oder die andere.

Teil des Zuhörens ist es auch, die Gefühle der Sprechenden wahrzunehmen und unsere eigenen zuzulassen.

Gestehen wir uns ruhig ein, wie sehr uns manche Themen berühren und mitnehmen – wir betrachten Dinge nicht neutral und objektiv, wir sind tief emotional involviert. Diese Erkenntnis hilft dabei, die Gefühle der anderen Gesprächspartner*innen und ihr daraus erwachsenes Verhalten nachzuvollziehen und zu verstehen.

Oftmals können auch diejenigen von einer Unterhaltung profitieren, die selbst gar nicht geredet, sondern nur zugehört haben – vielleicht sogar mehr als diejenigen, die Argumente ausgetauscht haben. Es sind oft die stillen Zuhörenden, die sich nach unseren Veranstaltungen an uns wenden und uns erzählen, was sie mitgenommen haben.

Nicht bewerten – trotzdem Haltung zeigen

Um ein respektvolles Gespräch zu führen, ist es förderlich, nicht immer das Schlimmste von seinem Gegenüber zu erwarten. In einer Aufmerksamkeitsökonomie, die von Kontroversen lebt, gibt es die Tendenz, jede Aussage auf schlimmstmögliche Weise zu interpretieren, damit der nächste Skandal in die Schlagzeilen purzeln kann. Wir plädieren dafür, einander mit Nachsicht zu begegnen. Im Zweifel zu fragen: »Wie meinst du das eigentlich?« Hier hilft es, Gehörtes einmal so wiederzugeben, wie es bei einem als Empfänger*in angekommen ist. Paraphrasieren, was der*die Sender*in gesagt hat, um zu überprüfen, ob das Gesagte richtig verstanden und gedeutet wurde. Es lohnt sich, dem*der Gesprächspartner*in einen Vertrauensvorschuss zu gewähren und zuzugestehen, dass seine*ihre Beweggründe vermutlich nicht bösartig sind. Machen wir uns bewusst, dass wir nicht wissen, mit welchen Schwierigkeiten und Herausforderungen unser Gegenüber gerade zu kämpfen hat. Wir sollten uns selbst dazu anhalten, offen und neugierig in ein Gespräch zu gehen, auch wenn wir insgeheim schon Schlüsse gezogen haben, die auf unserer Wahrnehmung des*der Gesprächspartner*in basieren. Gleichzeitig dürfen wir einfordern, dass auch uns im Gegenzug mit Toleranz begegnet wird.

Wir müssen auch nicht sofort wertend dazwischenspringen, wenn wir mit etwas nicht einverstanden sind.

Ja, es ist ermüdend, immer wieder mit denselben Sprüchen konfrontiert zu werden. Als Shai mit seinem Bus der Begegnungen unterwegs war, musste er sich wieder und wieder anhören, wie der Zuzug von Geflüchteten als Quelle allen Übels gewertet wurde. Doch wenn die am Gespräch Beteiligten ausgesprochen hatten, wurden sie trotzdem eingeladen, mit Shai und seinen Verbündeten von der Geflüchteteninitiative »Über den Tellerrand« zu essen und sich auszutauschen. Allein die Tatsache, dass man nicht sofort auf kontroverse Meinungen anspringt, die nicht selten als Provokation oder Austesten von Grenzen hervorgebracht werden, irritiert, bricht Stereotype auf und sorgt dafür, dass die Gesprächspartner*innen über ihre Erwartungen nachdenken. Gleichzeitig bekommen sie von uns deutlich zu hören: »Wir sehen es nicht so wie du. Du vertrittst eine Meinung, wir haben eine andere.« Wenn dieser Punkt von beiden Seiten akzeptiert werden kann, öffnet sich die Möglichkeit, tiefergehend zu sprechen und sich darüber auszutauschen, wie wir zu unterschiedlichen Meinungen gekommen sind.

Um kontroverse Gespräche zu führen, ist Aushalten eine wichtige Voraussetzung. Dabei darf Aushalten nicht mit Einstecken verwechselt werden. Wir müssen uns nicht als Projektionsflächen für Wut zur Verfügung stellen und verbal auf uns einprügeln lassen. Aber wir können es aushalten, Positionen anzuhören, die mit unseren nicht übereinstimmen. Das heißt nicht, dass wir keine Haltung zeigen sollen. Im Gegenteil, wenn wir zu einem Thema eine bestimmte Position entwickelt haben, sollte das dem Gegenüber deutlich gemacht werden.

Darüber hinaus muss darauf hingewiesen werden, wenn Meinungen als Tatsachen verkauft werden. Und wenn menschenverachtende Aussagen fallen, ist es unbedingt angezeigt, diese zu benennen. Dafür muss aber zwischen der Person und den Aussagen des Gegenübers unterschieden werden. Ordnet Aussagen ein, bewertet aber keine Personen!

Hier macht es natürlich auch einen Unterschied, wer welche Aussagen trifft. Gerade jungen Menschen, die sich mitten in Meinungsbildungsprozessen befinden, ist nicht geholfen, wenn man ihnen über den Mund fährt, statt sie nach ihren Beweggründen und Herleitungsweisen zu fragen.

Die Grenzen des Dialogs

Bei aller Offenheit und gutem Willen, Gespräche zu führen, ist eines klar: Wer keinen Dialog will, kann nicht dazu gezwungen werden. Immer wieder werden auch wir von Menschen konfrontiert, die nicht an Dialog interessiert sind. Das ist insofern okay, als dass ein Gesprächsanliegen auch sein kann, einfach nur gehört werden zu wollen. Es wird aber dann problematisch, wenn eine Person in einem Saal voller Menschen möchte, dass *nur* ihre Position gehört wird. In vielen Fällen möchten Anwesende nicht miteinander sprechen, sondern gegen etwas protestieren. Das Anliegen zu protestieren ist berechtigt – nur sollten sich alle Beteiligten bewusst sein, dass Protest und Gespräch gleichzeitig nicht zu realisieren sind und nur bedingt im selben Forum Platz haben können.

Wenn einige Personen protestieren wollen, aber andere ein Gespräch führen, kommt es zwangsläufig zu einem Interessenkonflikt. Den sollte man klar ansprechen und darauf verweisen, dass Positionen zwar mitgeteilt werden können, aber nicht auf Kosten anderer Gesprächsbeteiligter den ganzen Austausch kapern dürfen. Dabei sollten sich die Protestierenden fragen, wer die Adressaten ihres Protests sind. Was vor einem*r Politiker*in oder einem Entscheidungsträger*in legitim sein kann, bekommt einen ganz anderen Beigeschmack, wenn es vor jemandem vorgetragen wird, der vielleicht eine Meinung, aber gar keine Entscheidungsgewalt hat –

dann wird aus einem Protest gegen eine Position schnell ein Protest gegen den Dialog an sich.

Darüber hinaus gibt es Grenzen dessen, worüber ein Dialog geführt werden kann. Und diese Grenzen sollten zu Beginn des Gesprächs definiert werden. Für uns steht außer Frage, dass wir keine Gespräche führen wollen, in denen Gewaltverherrlichung, Holocaustrelativierungen, Menschenhass oder Verfassungsfeindlichkeit geduldet wird. Wobei auch hier abgewogen werden muss, wenn es um junge Menschen geht. Hören wir von Schüler*innen solche problematischen Äußerungen, erklären wir, inwiefern sie unsere Grenzen überschritten haben und warum wir sie nicht als bloße Meinungsäußerungen stehen lassen wollen.

Wenn es keine Zuhörbereitschaft gibt, müssen Gespräche nicht weitergeführt werden. Das muss nicht mit Wut und Frustration einhergehen: »Vielen Dank, dass ihr euch die Zeit für unser Gespräch genommen habt. Weil ich nicht das Gefühl habe, dass wir uns gegenseitig zuhören, sollten wir an dieser Stelle auseinandergehen und uns erlauben, über das Gesagte nachzudenken.« So oder so ähnlich brechen wir Unterhaltungen ab, die sich im Kreis drehen, respektlos geführt werden oder auf fehlendes Interesse der Teilnehmenden treffen. Bisher haben wir jedoch erst eine Handvoll Schul-Trialoge vorzeitig abgebrochen.

Über Israel und Palästina sprechen

Wir haben beide ein ganz schön dickes Fell. Deswegen sind wir zu fast jedem Gespräch über Israel und Palästina bereit – solange es nicht darum geht, dass unser Gegenüber monologisiert, sondern auch bereit ist, unseren Standpunkt zu hören. Wir haben mit Islamist*innen ebenso gesprochen wie mit jüdischen Siedler*innen. Solange wir fragen können: »Wie seid ihr zu euren Meinungen gekommen?«, können wir unter Umständen noch etwas aus einem Gespräch ziehen, und sei es nur, dass wir begreifen, wie Menschen mit komplett gegensätzlichen Ansichten zu ihren Standpunkten gekommen sind. Dass darauf nicht jeder Lust hat, ist mindestens verständlich.

Damit stellt sich aber auch die Frage: Was halten wir für die wirklich wichtigen Gespräche über Israel und Palästina? Die Antwort: Solche, die sich von der Pro-Israel-Pro-Palästina-Dichotomie verabschieden. Gespräche, in denen es darum geht, neue Antworten und Lösungen zu finden, die eine gerechte und friedvolle Zukunft für die Menschen ermöglichen, die zwischen dem Mittelmeer und dem Jordan leben. Wir sollten über Menschenrechte, Freiheit und Frieden sprechen und darüber, wie diese für Israelis und Palästinenser*innen zu realisieren sind.

Um dorthin zu kommen, um über solche Lösungen überhaupt diskutieren zu können, muss man sich mit der Region und der Geschichte auseinandersetzen und auch die gegenwärtig herrschenden Machtverhältnisse klar benennen. Es gibt einen Konflikt zwischen Israel und den Palästinenser*innen sowie anderen Staaten der Region – aber es gibt auch die Besatzung der palästinensischen Gebiete, die mit massiven Einschränkungen der Rechte ihrer palästinensischen Bewohner*innen einhergeht. Auch wenn beides – Konflikt und Besatzung – eng miteinander verwoben sind, hilft es manchmal, diese Aspekte getrennt voneinander zu betrachten, um zu sehen, wo es »zwei Seiten« gibt – und wo nicht. Für uns ist klar: Für die Anwendung der unveräußerlichen Menschenrechte gibt es keine zwei Seiten – sie gelten für alle.

Jouanna, wir sagen immer, dass mit »Betroffenen« besonders sensibel umgegangen werden muss. Aber wer ist denn eigentlich betroffen, wenn wir von Israel und Palästina sprechen?

Jouanna
Palästinenser*innen und Juden*Jüdinnen.

Shai
Nicht alle Juden*Jüdinnen fühlen sich betroffen, wenn es um Israel geht. Es gibt auch solche, die sagen, sie haben mit Israel nichts am Hut. Die keine Verwandten vor Ort haben und sagen: Das interessiert mich nicht.

Jouanna
Die meisten Palästinenser*innen fühlen sich betroffen, selbst wenn es der Großvater – oder für einige der heutigen Schüler*innen der Urgroßvater – war, der Palästina verlassen hat, und seitdem kein Familienmitglied mehr vor Ort sein konnte. Das Trauma der Vertreibung, der Schmerz und die Ungerechtigkeit werden über die Generationen weitervermittelt. Interessanterweise haben Juden*Jüdinnen und Palästinenser*innen damit eine Gemeinsamkeit: Sie ziehen einen Teil ihrer Identität aus ihrer historischen Opferrolle.

Dabei ist für die Palästinenser*innen besonders schwerwiegend, dass sie etwa im Libanon seit über 75 Jahren ohne Staatsbürgerschaft in Flüchtlingslagern in einem ewigen Schwebezustand leben – natürlich fühlen sie sich betroffen.

Als ich selbst zum ersten Mal in Israel/Palästina war, habe ich Rotz und Wasser geheult, weil ich so bewegt war. Dabei bin ich nicht nationalistisch und würde auch nicht plötzlich nach Palästina ziehen wollen, wenn es den Staat offiziell gäbe, ich bin ja in Deutschland zu Hause. Aber bei meinem Besuch hatte ich den Schmerz und die Sehnsucht meiner ganzen Familie im Gepäck – das ist dann alles aus mir herausgebrochen.

Shai

Bei unseren Schulbesuchen melden sich aber immer auch viele Schülerinnen, die keine Palästinenser*innen sind, keine Angehörigen vor Ort haben und sich trotzdem betroffen fühlen. Hauptsächlich sind das muslimische Jugendliche.

Jouanna

Ja, weil es die religiöse Dimension gibt. Die muslimischen Schüler*innen fühlen eine Verbundenheit zu ihren Religionsgeschwistern. Und natürlich wird propagiert, dass der Kampf um die al-Aqsa-Moschee in Jerusalem eine muslimische Aufgabe ist.

Shai
Bei Erwachsenen fühlen sich auch deutsche, christlich sozialisierte Menschen betroffen – mehr als von anderen Konflikten. Sie sind emotional involviert, stärker noch als vom Ukraine-Krieg, von anderen Konflikten ganz zu schweigen. Was natürlich an dem engen Verhältnis zu Israel und dem Verantwortungsgefühl gegenüber Juden*Jüdinnen liegt. Dieses Betroffenheitsgefühl führt zu einer hohen Emotionalisierung und einem sehr aufgeheizten gesellschaftlichen Diskurs.

Jouanna
Wir können nicht jeden wie eine*n Betroffene*n behandeln, auch wenn ich dieses Gefühl niemandem absprechen will. Direkt Betroffenen mit persönlichen und familiären Verbindungen nach Israel und Palästina sollten wir im Dialog besonderen Raum geben und ihnen zuhören – alle anderen müssen auch mal zurückstecken können.

Shai
Und wir sollten auch über genau das sprechen: Wie wirken sich unsere Identitäten auf unsere Sichtweisen aus? Weshalb sind Betroffenenperspektiven wichtig? Und was hat es mit den Gefühlen der vermeintlich »Unbetroffenen« auf sich?

Jouanna
Außerdem würde ich dafür plädieren, neben Betroffenen – die ja quasi naturgegeben oftmals ein sehr einseitiges Bild haben – Expert*innen anzuhören, die sich jahrelang wissenschaftlich und journalistisch mit der Region auseinandergesetzt haben. Das natürlich immer mit einer stets hinterfragenden Haltung.

Fragen an die Lesenden

1. Welche Hemmungen verspürst du, wenn du in ein kontroverses Gespräch gehst?
2. Mit wem möchtest du kontroverse Gespräche führen? Mit wem lieber nicht?

9
Hoffnung trotz allem

Als wir beschlossen, dieses Buch zu schreiben, wollten wir hoffnungsvoll sein. Wir wollten eine Botschaft übermitteln, in der unser Glaube an Veränderung und Menschlichkeit verankert ist. Jetzt, im Juni 2024, nach mehr als 250 Tagen Krieg, fällt es uns schwer, diesen Optimismus zu bewahren.

Der gesellschaftliche Diskurs zu Israel/Palästina, an dem wir fast täglich in der einen oder anderen Form teilnehmen, offenbart eine Spaltung, die tiefer ist als jemals zuvor. Statt gemeinsam für ein Ende der Gewalt einzutreten, haben sich die Fronten verhärtet und Lager gebildet, deren Angehörige die Komplexität der Realität fast vollständig auf ein Gut-Böse-Schema reduziert haben. Die selektive Empathie scheint wie eine Epidemie, die weiter und weiter um sich greift. Der nicht endende Krieg in Gaza, das Leid der Zivilbevölkerung, die Unfähigkeit oder der Unwillen der internationalen Gemeinschaft, die Kriegsparteien zu einem Waffenstillstand zu bewegen – all das macht uns verzweifelt, traurig und müde.

Tatsächlich fehlen uns angesichts des Leids und des Grauens in Gaza – aber auch angesichts anhaltender Siedlergewalt im Westjordanland und der Auswirkungen des Krieges in Israel, wo Zehntausende nicht an ihre Wohnorte zurückkehren können – manchmal die Worte. Wir ringen mit unseren Positionen, sind unsicher und haben Angst: Wie bewerten, was sagen, wie weitermachen?

In unseren Begegnungen bemerken wir, wie die Sprache sich verschärft hat, wie viel Wut in den Menschen gärt – und mit welcher Leichtigkeit der vermeintlich »Böse« mit entmenschlichenden Bezeichnungen und Beschreibungen belegt wird. Innerhalb weniger Tage muss Jouanna sich anhören, dass »Hitler alle Juden*Jüdinnen hätte ausrotten müssen« und dass sie »Hamas-Unterstützerin« ist. Shai muss Schüler*innen gegenübertreten, die über das Schicksal seiner Familienmitglieder im Holocaust lachen, und wird kaum später der Kontaktschuld zu Islamisten bezichtigt. Vieles von dem, an dem wir und andere im jüdisch-muslimischen Dialog in Deutschland gearbeitet haben, ist zerstört. Wie sollen wir bei alldem Hoffnung haben?

Es gibt Tage, an denen wir die nächste Veranstaltung fürchten, an denen wir so leer und erschöpft sind, dass wir eigentlich gar keine Lust mehr haben. Aber dann gibt es wieder andere Begegnungen. Solche, die uns daran erinnern, warum wir das alles machen. Kürzlich schrieb uns eine Gesamtschullehrerin, deren Klasse wir vor einigen Monaten besucht hatten, und erzählte uns, dass unser Besuch immer noch nachklingt und ihr bei ihren Gesprächen mit Schüler*innen hilft. Sie berichtete von einem verzweifelten, wütenden Jugendlichen, mit dem sie sich auf unseren Trialog besann: Es gelang ihr, »den

Schüler daran zu erinnern, dass es einen anderen Weg als Hass als Folge von Wut und Schmerz gibt: den des Zuhörens, der Wahrnehmung, der Wertschätzung und der Liebe«. Solche Rückmeldungen sind es, die uns motivieren weiterzumachen. Sie zeigen uns, dass Brückenbauen nicht vergeblich ist, dass die berechtigten Gefühle der Jugendlichen anders aufgefangen werden können, als durch Tiktok-Videos von Hassprediger*innen – es müsste nur mehr, viel mehr Ressourcen und ein offenes Ohr der Politik geben.

Selbst wenn wir nicht alle Schüler*innen erreichen, so gelingt es doch immer wieder, zu zeigen, dass Dialog auch unter schwierigsten Bedingungen möglich ist und dass es sich lohnt, im Gespräch zu bleiben und gleichzeitig Haltung zu zeigen. Diese Erkenntnis ist von großer Relevanz für alle gesellschaftlichen Kontroversen und alle jungen Menschen, die unsere Demokratie mitgestalten werden.

Hoffnung gibt uns auch, dass in den letzten sechs Monaten zwar viele Freundschaften und Allianzen zerbrochen, aber vielleicht noch mehr neue entstanden sind. Hoffnung regt sich insbesondere, wenn Menschen, denen als Israelis oder Juden*Jüdinnen und Palästinenser*innen oder Muslim*innen eingeredet wird, dass sie qua Geburt einer »Seite« angehören, sich weigern, in diesen Kategorien zu denken und stattdessen Gleichgesinnte anhand einer anderen Gemeinsamkeit finden: Dem Streben nach Gerechtigkeit, Freiheit und Frieden. Gerade in dieser dunklen Zeit, in der uns weisgemacht wird, dass wir Feinde sind, haben viele (na gut, zumindest einige) das Bedürfnis zu zeigen: Ich erkenne dich und deinen Schmerz an, ich höre dir zu. Das ist es, was uns Hoffnung gibt: Allianzen, die nicht entlang nationalistischer Ideen geschlossen werden, sondern auf der Basis von Empathie und Menschenfreundlichkeit, bei gleichzeitigem Eintreten für Menschenrechte, Selbstbestimmung und Gleichberechtigung.

Es gibt uns Hoffnung, dass wir Menschen finden – auch Palästinenser*innen und Juden*Jüdinnen –, die mit uns sprechen wollen. Jeder ehrliche Austausch, der keinen Kampf, sondern gegenseitiges Zuhören beinhaltet, der ein Dialog auf Augenhöhe ist, fühlt sich angesichts der Lage wie ein Erfolg an.

Klar ist, dass ein Ende des Krieges in Gaza und die Freilassung der israelischen Geiseln wesentliche Voraussetzung für eine Versachlichung des Diskurses und einen erneuten Vertrauensaufbau in Deutschland sind. Über eine Zukunft kann effektiv erst gesprochen werden, wenn es diese Zukunft überhaupt gibt und Menschen nicht tagtäglich um ihr Leben fürchten müssen.

In diesem Zusammenhang müssen wir die Initiativen nennen, die sich in Israel und Palästina mit riesigem Engagement und gegen viele Widerstände für eine Zukunft beider Völker auf diesem kleinen Fleckchen Erde einsetzen und selbst inmitten schlimmster Gewalt nicht aufhören, ein Zusammenleben zu propagieren. Sie sind es, die uns Hoffnung geben – und sie müssen dringend unterstützt werden. Es sind Gruppen wie die israelisch-palästinensische Initiative *Standing Together*, die zum Waffenstillstand aufruft, sich für eine Befreiung der israelischen Geiseln einsetzt und Hilfslieferungen für Gaza geschützt hat; es sind lange existierende Organisationen wie der *Parents Circle*, in dem sich israelische und palästinensische Angehörige von Opfern des Konflikts zusammenfinden. Es sind genauso einzelne Menschen, die nicht müde werden, sich gegen Krieg und Zerstörung auszusprechen und für Gerechtigkeit und Frieden zu kämpfen. Dazu zählt der amerikanisch-palästinensische Arzt David Hasan, der für die Organisation *Medical Aid for Palestine* nach Gaza reiste und unter schwierigsten Bedingungen Verletzte versorgte, Notoperationen durchführte und sterbende Kinder im Arm hielt. Trotzdem schrieb er: »Ich bin jemand, der sich immer an Hoffnung klammert. Ich stelle mir die Region als eine Person mit zwei Händen vor, eine palästinensische und eine israelische. Es stimmt, dass beide jetzt zittern, aber ich glaube, dass sie sich bald verschränken werden. Ich glaube an Frieden.«[72] Dazu gehören auch Maos und Magen Inon, deren Eltern am 7. Oktober getötet wurden und die sich wiederholt gegen die Bombardierung des Gazastreifens ausgesprochen haben. Sie appellierten an die internationale Gemeinschaft: »Um uns zu helfen, eine gemeinsame Zukunft aufzubauen, um Israelis und Palästinenser dazu zu bringen, Wandel in die Region, die sie teilen müssen, zu bringen, muss die Welt uns Werkzeuge der Versöhnung, nicht der Zerstörung bereitstellen.«[73]

Als durch unsere Familiengeschichten und familiären Bindungen Betroffene bleibt uns nichts anderes übrig, als uns mit der Realität in Israel/Palästina auseinanderzusetzen. Wir können nicht einfach hinnehmen, dass dort ein Volk über ein anderes herrscht und dass Gewalt und Angst das Dasein von Palästinenser*innen und Israelis beherrschen. Wir müssen unsere Hoffnung auch in unsere Regierung und unsere Gesellschaft in Deutschland setzen, damit sie dabei helfen, eine Lösung voranzutreiben, die dieser Realität etwas entgegensetzt, statt die Flammen weiter anzufachen, die auch auf Menschen in unserem Land direkte Auswirkungen haben.

Wir selbst können an den Entscheidungen der Menschen und Machthabenden in Israel/Palästina nichts ändern – aber wir können hier in Deutschland zeigen: Wir lassen uns nicht vereinnahmen und gegeneinander ausspielen. Dialog und gegenseitige Anerkennung sind möglich! Dass unsere Geschichte und unser gemeinsames Auftreten auf viel positive Resonanz und offene Ohren trifft und dass auch ihr, liebe Leser*innen, uns bis hierhin begleitet habt, ohne das Buch frustriert in eine Ecke zu pfeffern (oder es zumindest wieder aufgehoben habt), dass wir nicht alleine sind mit unserer Botschaft – auch das gibt uns ein kleines bisschen Hoffnung.

Danke, dass ihr uns zuhört.
Danke, dass ihr das Gespräch sucht.
Wir hoffen, wir bleiben im Austausch.

Wer unsere Arbeit unterstützen möchte, kann das hier tun:
https://transaidency.org/geldspende/
https://www.israelpalaestinavideos.org/trialoge/

Anmerkungen

1 Vgl. »The Science is Clear. Over 30,000 People Have Died in Gaza«, *Time* 15.03.2024. https://time.com/6909636/gaza-death-toll/
2 https://apnews.com/article/israel-palestinians-south-africa-genocide-hate-speech-97a9e4a84a3a6bebeddfb80f8a030724
3 Ebd.
4 Vgl. https://www.cia.gov/the-world-factbook/countries/lebanon/
5 Vgl. https://www.unrwa.org/sites/default/files/lebanon_field_update_-_adcom_june_2023.pdf.
6 Vgl. https://www.sciencespo.fr/mass-violence-war-massacre-resistance/fr/document/historiography-and-memory-lebanese-civil-war.html
7 https://www.ochaopt.org/sites/default/files/ocha_opt_barrier_update_july_2011_english.pdf.
8 Vlg. Stadt Schwabach: Das Jüdische Kreiskomitee. https://www.schwabach.de/de/kultureinrichtung-stadtarchiv/uebersicht-stadtarchiv/10059-das-juedische-kreiskomitee.html
9 Vgl. Tom Segev: *1967 – Israel, the War and the Year that Transformed the Middle East*. Metropolitan Books 2007. S. 696 f.
10 Vgl. Muriel Asseburg, Internetredaktion LpB BW: *Dossier. Der Nahostkonflikt*. Landeszentrale für politische Bildung Baden-Württemberg, https://www.lpb-bw.de/nahostkonflikt
11 Doreen Carvajal: »Photo of Palestinian Boy Kindles Debate in France«, *New York Times*, 7.2.2005.
12 https://mediendienst-integration.de/fileadmin/Dateien/Informationsschreiben_Umgang_mit_Sto__rungen_des_Schulfriedens.pdf.
13 Amina Nolte, Helen Sophia Müller: Pädagogisches Begleitmaterial Israel Palästina Bildungsvideos, Transaidency e.V. in Kooperation mit Geselschaft im Wandel, Juli 2022. S. 151.
14 Ebd.
15 Vgl. Florentine Anders: »Lehrermangel verschärft sich weiter – bis 2035 fehlen 68 000 Lehrkräfte«, 6.3.2024. https://deutsches-schulportal.de/bildungswesen/lehrermangel-bleibt-bundesweit-ein-problem/
16 Vgl. Georg Lorenz u. a.: »Stereotype bei Lehrkräften? Eine Untersuchung systematisch verzerrter Lehrererwartungen«, *Kölner Zeitschrift*

für Soziologie und Sozialpsychologie Nr. 68, Februar 2016.KZfSS Kölner Zeitschrift für Soziologie und Sozialpsychologie.

17 Vgl. https://www.bildungsspiegel.de/news/wissenschaft-forschung-und-lehre-projekte/6642-diskriminierung-in-der-schule-wenn-lehrkraefte-teil-des-problems-sind/

18 Vgl. Sabine Achour, Susanne Wagner: *Wer hat, dem wird gegeben: Politische Bildung an Schulen.* Friedrich Ebert Stiftung, 2019. S. 56.

19 Ebd., S. 60.

20 Mahir Gökbudak, Reinhold Hedtke, Udo Hagedor: *5. Ranking Politische Bildung*, Universität Bielefeld 2022. S. 2.

21 Vgl. Liz Mohn Center: *Einstellungen und Sorgen der jungen Generation Deutschlands 2023.* S. 5.

22 Nina Monecke: »Der rechte Vibe verfängt«, *Die Zeit* 23.4.24.

23 Vgl. »Europawahl 2024. Junge Menschen wählen anders«, *Tagesschau* 10.6.24. https://www.tagesschau.de/europawahl/wahl/junge-waehler-100.html

24 Mushon Zer-Aviv: »Your Empathy is Killing Us«, *Medium* 9.9.23. https://medium.com/@mushon/your-empathy-is-killing-us-1a50a4fc0488

25 Eva Berendsen, Deborah Schnabel (Hrsg.): *Die TikTok-Intifada – Der 7. Oktober und die Folgen im Netz.* Bildungsstätte Anne Frank, 2024. S. 3.

26 Ebd. S. 6.

27 Vgl. https://taz.de/AfD-auf-TikTok/!5979204/

28 Vgl. https://www.timesofisrael.com/right-wing-group-deemed-to-have-fascist-characteristics/

29 Vgl. https://www.nd-aktuell.de/artikel/1171934.israel-gerald-hetzel-hang-zum-drama.html

30 Vgl. https://www.antisemitismusbeauftragter.de/Webs/BAS/DE/juedisches-leben/leben/juedisches-leben-node.html;jsessionid=07F96CEAF255F6DF8ACCB1AE82B1117B.live882

31 Vgl.https://www.zeit.de/gesellschaft/2023-12/palaestinenser-deutschland-israel-hamas-nachrichtenpodcast

32 https://www.proasyl.de/news/voellig-unbegruendet-bundesamt-legt-asylverfahren-palaestinensischer-fluechtlinge-aus-gaza-auf-eis/

33 Avner Ofrath: »Anatomie der Gewalt. *Merkur*, Mai 2024. S. 15.

34 https://open.spotify.com/episode/2L84XJl0Sm7EbZiywPclee?si=jiQgdYU6QeaaQGbzQCianw&nd=1&dlsi=078fa11918594c67

35 Ebd.

36 Vgl. Muriel Asseburg: »Die deutsche Kontroverse um BDS: Eine Einordnung«, *Israel&Palästina, Zeitschrift für Dialog*, I-III 2019; »Über die Komplexität einer Dreiecksbeziehung«, *Aphorisma* 2020. S. 44.

37 https://bdsmovement.net/what-is-bds

38 https://www.adl.org/resources/backgrounder/boycott-divestment-and-sanctions-campaign-bds
39 https://www.bundestag.de/webarchiv/presse/hib/2019_05/640590-640590
40 https://kairoseuropa.de/wp-content/uploads/2019/05/Aufruf-zu-BDS-Mai-2019.pdf.
41 Micha Brumlik: »Unter BDS-Verdacht: Der neue McCarthyismus«, *Blätter für deutsche und internationale Politik.* August 2019. S. 13.
42 Vgl. Asseburg, S. 51.
43 https://www.faz.net/aktuell/politik/inland/berlinale-israel-hass-im-kulturbetrieb-19549645.html
44 https://www.welt.de/debatte/kommentare/plus250266538/Israel-Feindlichkeit-Bei-der-Berlinale-sass-man-im-falschen-Film.html
45 https://www.bild.de/politik/inland/politik-inland/neuer-judenhass-eklat-berlinale-schockt-mit-verbotenem-anti-israel-spruch-87296692.bild.html
46 https://www.berlinale.de/de/2024/news-pressemitteilungen/249881.html
47 Vgl. https://www.bild.de/politik/inland/politik-inland/skandal-auf-der-berlinale-hier-klatschen-roth-und-wegner-fuer-anti-israel-rede-87301424.bild.html
48 Eva Berendsen, Deborah Schnabel (Hrsg.): *Die TikTok-Intifada – Der 7. Oktober und die Folgen im Netz.* Bildungsstätte Anne Frank, 2024.
49 https://www.nzz.ch/international/friedrich-merz-wir-haben-genug-antisemitische-junge-maenner-im-land-ld.1761710
50 Vgl. https://www.bmi.bund.de/SharedDocs/pressemitteilungen/DE/2024/06/stag-inkraft.html
51 https://www.bundespraesident.de/SharedDocs/Reden/DE/Frank-Walter-Steinmeier/Reden/2023/11/231108-Nahost-Runder-Tisch.html
52 Nazih Musharbash: »Trauer und Misstrauen«, in: Lena Gorelik, Miryam Schellbach, Mirjam Zadoff (Hrsg.): *Trotzdem sprechen.* Ullstein 2024.
53 Bundesministerium des Innern und für Heimataufgaben: »Bundesweite Fallzahlen 2023 Politisch motivierte Kriminalität«, Fact Sheet 21.5.2024. S. 11 ff.
54 https://holocaustremembrance.com/resources/arbeitsdefinition-antisemitismus
55 Peter Ullrich: Gutachten zur ›Arbeitsdefinition Antisemitismus‹ der International Holocaust Remembrance Alliance, Papers 2/2019, Rosa-Luxemburg-Stiftung, S. 3
56 Vgl. https://www.dailymail.co.uk/video/news/video-3176621/Video-Anti-Israel-protestor-chants-Poland-Columbia.html

57 Hanno Hauenstein: »Historiker Rashid Khalidi über Israels Gaza-Krieg«, *Frankfurter Rundschau* 6.5.24.

58 Moshe Zimmermann: »Niemals Frieden?«, *Propyläen* 2024.

59 https://www.instagram.com/igor_dobrowolski/?hl=de

60 Vgl. https://www.zdf.de/nachrichten/politik/hamas-terror-berlin-rote-dreiecke-antisemitismus-100.html

61 Vgl. »Der Nahostkonflikt, Dossier der Landeszentrale für politische Bildung BW«, https://www.lpb-bw.de/nahostkonflikt#c98562

62 Vgl. https://www.ochaopt.org/content/eight-years-after-2008-2009-cast-lead-hostilities-gaza-lack-accountability-persists und https://www.ochaopt.org/content/press-release-humanitarian-coordinator-calls-accelerated-recovery-effort-gaza-strip-one

63 Vgl. https://www.oxfam.org/en/press-releases/daily-death-rate-gaza-higher-any-other-major-21st-century-conflict-oxfam

64 Vgl. https://www.hrw.org/news/2023/11/26/gaza-findings-october-17-al-ahli-hospital-explosion

65 Vgl. Thore Schröder: »Mit Fäusten, Stiefeln, Gewehrkolben und Knüppel«, *Spiegel Online*, 7.6.24 https://www.spiegel.de/ausland/gaza-krieg-freigelassene-berichten-von-gewalt-in-israelischen-gefangenenlagern-a-f1f42699-2c04-4255-b390-4de6c23bb73d

66 Vgl. Laura Silver, Maria Smerkovich: *Israeli Views of the Israel-Hamas War*. Pew Research Center Mai 2024. S. 5.

67 Vgl. Public Opinion Poll No 92, Palestinian Center for Policy and Survey Research Juni 2024. https://pcpsr.org/en/node/980?s=09

68 Vgl. https://www.bbc.com/news/world-middle-east-68006607

69 Vgl. Martin Schäuble, Noah Flug: *Vom Gazastreifen-Konflikt im Süden zum zweiten Libanonkrieg 2006 im Norden*. Bundeszentrale für Politische Bildung, 2008.

70 Vgl. »Why They Died. Civilian Casualties in Lebanon during the 2006 War«, Human Rights Watch 2007. https://www.hrw.org/report/2007/09/05/why-they-died/civilian-casualties-lebanon-during-2006-war

71 Vgl. »Women and children of Gaza are killed less frequently as war's toll rises, AP data analysis finds«, Associated Press 7.7.2024. https://apnews.com/article/israel-palestinians-hamas-war-casualties-toll-65e18f3362674245356c539e4bc0b67a

72 »The Chilling Testimony of a U.S. Neurosurgeon Who Went to Gaza to Save Lives«, *Haaretz* 9.5.2024. https://www.haaretz.com/israel-news/2024-05-09/ty-article-magazine/.highlight/the-chilling-testimony-of-a-u-s-neurosurgeon-who-went-to-gaza-to-save-lives/0000018f-5e8a-d995-a5df-5ebf2b890000

73 https://www.independent.co.uk/voices/israel-gaza-hamas-murdered-maoz-inon-b2524714.html